U0867576

矫正项目研究成果文库

暴力侵害公民生命健康罪犯

矫正项目

中国监狱工作协会 | 编

云南省监狱管理局
云南省小龙潭监狱循证矫正课题组 | 编写

法律出版社
LAW PRESS · CHINA

《矫正项目研究成果文库》编委会

主　任：韩亨林

副主任：邵　雷　张金桑　李豫黔

龙学群　王利华　杨　宏

饶昌顺

云南省小龙潭监狱循证矫正课题组

主　编：胡志辉

副主编：于泉清　周　乐　彭　波　尹正文

成　员：张　俊　田知旗　李向坤　张智宏
王小杰　杨锡涛　谢　瑢　刘明飞
袁　将　王丽艳　金国防　胡　晓
张向杰　朱　立　刘德斌　张明炜
张　雷　赵姗姗　卢江宇　白涛铭
黄安云　查建清　刘应刚　赵　宏
雷声钟　李　刚　刘德华　周雁鸿
查建勇　高　睿　宋晓东　周树平
陈红联　丰　艳

总　　序

惩罚与改造罪犯是党和政府赋予监狱的神圣职责，也是监狱人民警察不忘初心、牢记使命的具体表现。监狱安全是国家总体安全的重要组成部分，改造好罪犯对维护监狱安全稳定也有标本兼治的良好效果。监狱应该积极探索精准、科学、系统改造罪犯的方式方法，使罪犯在有限的刑期内得到有效的改造和矫正，尽可能地降低其刑释后的重新犯罪率，这样才能更有效地维护社会的安全稳定，满足人民日益增长的对美好生活向往的需要，进一步增强人民的安全感。监狱履行自己的职责使命，为维护稳定的社会秩序发挥重大作用，这是新时代对监狱工作提出的新要求。

新时代，监狱的在押罪犯结构发生了较大变化，涉黑涉恶类罪犯剧增，无期、死缓罪犯增加，二次服刑罪犯执迷不悟甚至“数进宫”，狱内犯情愈加复杂。《刑法修正案（八）》实施后，限制减刑罪犯出现，罪犯实际服刑时间大幅延长，给监狱工作提出了更高的要求。因此，监狱开展有效、高效的教育矫正研究和探索迫在眉睫。实施科学系统的循证矫正理念矫正罪犯，显然符合时代的发展；在监狱践行改造宗旨、回归主责主业的进程中,遵循“循证矫正”的理念是大有裨益的,用有针对性的矫正内容进行有效的教育矫正,可以有效避免隔靴搔痒、“头痛医头,脚痛医脚”等弊端。用系统、有效、高效的矫正方案,启发罪犯深刻意识到自己进监狱的原因及导致自己进监狱的根源问题,从而让他们认同、配合监狱的矫正活动,在参与中逐步改变他们的认知,进而改变其不良行为习惯或恶习,解决其犯因性问题,最终树立起正确的、健康的、积极的人生价值观念。

2012 年 9 月,司法部在江苏省宜兴市举办循证矫正研讨班,向全国监狱系统作出了开展研究探索循证矫正改造罪犯的工作部署,并选定了部分监狱作为先行试点,云南省小龙潭监狱就是试点单位之一。2017 年,司法部研究室下达关于研究探索循证矫正的研究课题,云南省小龙潭监狱以“‘三十二字’循证矫正工作体系的探索与实践”为项目课题获得批准立项。在接下来的一年多里,课题组汇集基层监狱人民警察的智慧和实践工作经验,在有关专家学者的指导下,进行案例遴选、归纳和理论提升,按期完成了课题研究工作。经司法部研究室和相关专家学者严格评审,该研究课题以较高的评价顺利结项。为进一步丰富国内矫正项目方面研究,推动监狱矫正事业发展,中国监狱工作协会从司法部研究所若干结项课题中遴选出云南省小龙潭监狱“‘三十二字’循证矫正工作体系的探索与实践”这一优秀研究成果,并召开会长办公会对该矫正项目课题进行了认真研究。会议认为,该矫正项目成果丰富、结构完整、务实创新，对推动矫正项目的进步与发展，推动罪犯教育改造工作，都有积极的开创性意义，决定以中国监狱工作协会的名义将其出版，扩大研究成果的影响力，推动研究成果的转化。这也是中国监狱工作协会在工作方式上的一次探索和创新。

2018 年 10 月，为进一步落实中国监狱工作协会会长办公会会议精神，中国监狱工作协会在云南省小龙潭监狱召开“矫正项目系列研究成果”研讨座谈会。会议以到监区现场考评和集中座谈研讨两种方式进行，中国监狱工作协会领导同志带队深入监区一线进行详细的调研指导和现场考评。座谈会上，中国监狱工作协会组织国内矫正领域的相关专家进行了专业的点评和指导，同时指出该系列矫正项目的研究为中国罪犯矫正工作提供了样板、贡献了智慧，具有较强的理论价值和推广价值，要求将该矫正项目成果转化，编撰成循证矫正系列矫正项目丛书。

循证矫正系列矫正项目丛书包括：《三十二字循证矫正工作体系操作指南》《吸食型毒品罪犯矫正项目》《牟利型毒品罪犯矫正项目》《暴力侵害公民财产罪犯矫正项目》《暴力侵害公民生命健康罪犯矫正项目》《暴恐类罪犯去宗教极端矫正项目》《邪教类罪犯矫正项目》《涉黑涉恶罪犯矫正项目》《利用职权侵占公私财物类罪犯矫正项目》《盗窃类罪犯矫正项目》《平安服刑认知提升项目》。

这套循证矫正系列丛书源于实践、高于实践，又服务于实践;既有一定的理论深度,又对实践有指导意义。《三十二字循证矫正工作体系操作指南》开创性地构建了循证矫正具体的操作流程及各步骤具体操作方法。系列矫正项目除必备的脱盲(国家标准语)教育、法律道德认识提升两个公共矫正模块外,直接针对各类型罪犯的犯因进行模块化矫正。每个矫正项目中均有相应的矫正方法、技巧介绍、说理教育,让罪犯能结合理论与实践,学有所知,学以致用。矫正项目立足于监狱,按需定项;形式上立足于单个的警察,有矫正目标、矫正重点与难点、矫正作业等,警察易讲易教;内容选择与编写上立足于罪犯实际,内容丰富、文字通俗、好懂易学、不枯燥不深奥,好用实用,学到的道理能够较容易地应用到日常生活中。

这套循证矫正系列丛书对循证矫正中国化、本土化进行了有益的探索,能够使矫正对象增长知识、改变想法、有所启发,甚至发生心灵的巨变;对监狱工作人员的工作也富有助益。在此特向课题组诸位同志以及帮助、指导编撰工作的各级领导、各位专家学者致以衷心的感谢。这套丛书的出版,得到了法律出版社的大力支持和帮助,在此也深表谢意。

中国监狱工作协会

2021 年 4 月

前　言

暴力侵害公民生命健康即故意杀人、故意伤害行为。故意杀人的犯罪行为是刑法中最严重的犯罪行为之一。我国对于故意杀人的犯罪行为适用刑罚比较严厉,根据《刑法》第232条的规定,其刑罚设置为死刑、无期徒刑或10年以上有期徒刑,情节较轻的,方可考虑3年以上10年以下有期徒刑。由此可见,故意杀人罪是可以直接判处死刑的重罪,主要原因在于人的生命权利至高无上,对于侵害他人生命权利的犯罪行为必须要严惩严罚,故意伤害罪亦是如此。

通过对中国裁判文书网中2012年至2016年7省(市)的故意杀人犯罪判决进行分析,对这5年间故意杀人案件的适用刑罚进行了研究。结果发现,在这些故意杀人犯罪的判决书中,有期、无期徒刑占绝大比例;在死刑中,死刑缓期2年执行的占判处死刑的82%;死刑立即执行的占判处死刑的18%,仅占全部案例的3.2%。诚然,司法实践中,对于故意杀人案件刑罚的处理,死刑适用率相较无期徒刑和有期徒刑的适用率是最低的,死刑立即执行率更是只有3.2%。换句话说,96.8%的故意杀人案件的犯罪嫌疑人,经法院审判后都进入监狱中了。

这些暴力杀人、故意伤害罪犯的特点是较为明显的，例如，其情绪很容易失控，动起手来不计后果，身上散发着戾气等。为加强对此类型罪犯进行有针对性地教育矫正工作，我们查阅、研究了中国裁判文书网中关于故意杀人案件的相关数据，结合监狱在押罪犯的实际情况，通过数据分析暴力侵害公民生命健康罪犯的基本特征以及相关案件的判决结果，对此类犯罪的特点进行了深入研究，总结出教育矫正对策和方案，完成本矫正项目。本项目通过针对性对策，以及系列的、寓情于理的文案，以知识讲授与活动穿插相结合的方式，唤醒这类罪犯的敬畏心，让他们从灵魂深处认识到公民生命权、健康权的重要性，意识到个人犯罪的诸多危害，让他们从旁观者、回顾者的角度洞悉自己走上犯罪道路的必然性与主要原因，最终能够从我做起、从现在做起、从小事做起，踏实改造，奔向新生。另外，本矫正项目不仅针对暴力侵害公民生命健康罪犯，亦适合不太会处理冲突和管理自己情绪的“急脾气”阅读学习，有助于其更进一步了解自己，使他们在发生问题或爆发冲突时，能够正确处理和及时控制自己冲动的行为，做到悬崖勒马。

具体而言，本书具有以下5个特点。

一是将故意杀人、故意伤害类暴力犯与抢劫、绑架类暴力犯区分开来。两者都是暴力型罪犯，但差异明显，前一类罪犯的暴力既是犯罪手段，更是犯罪目的；后一类罪犯的暴力仅是犯罪手段,其犯罪目的是侵财。

二是在法律认知提升篇里,没有墨守成规地对照《刑法》条款讲述犯罪的构成要件、量刑幅度等,而是深层次地分析法律为什么要保护生命健康权,论述生命健康权的重要性,让受众从根源上对法律产生敬畏之心。

三是创造性地撰写“戾气管理”矫正模块,通过“戾气”的概念、成因、表现等入手,使概念模糊的“戾气”清晰化、具体化,并将其系统地整理出来。让受众意识到自身存在的“戾气”,认识到“戾气”和犯罪之间的关系,了解和掌握“疏”(宣泄、消融)与“堵”(克制)分别用来管理“戾气”的原理、方法与技巧等。

四是有针对性地首创了“冲突管理”矫正模块,从冲突的概念、特性等入手,让受众意识到自身存在的问题(如不善解决冲突,甚至容易引发冲突等);认识到“冲突解决不当”轻则影响生活质量,重则危及个体的生命安全;通过“避免冲突”“控制和解决冲突”“事后分析”3个步骤,了解掌握“冲突管理”的原理、方法与技巧等。

五是引入“情绪管理”矫正模块,让受众在了解掌握“戾气管理”及“冲突管理”的基础上,进一步学会调整、打理自己的内在情绪、提高个人情商,在监狱做一名积极改造的服刑人员,在社会做一名理智而又高情商的好公民。

近年来,人们对暴力侵犯公民生命健康型罪犯矫正的研究越来越重视。本书从戾气管理、冲突管理、情绪管理等角度进行的针对性矫正是一种有益的探索;对于一些戾气重、脾气坏的社会人,本书的部分内容也能起到一定的改善作用,有利于降低犯罪率、构建和谐社会。

目　　录

暴力侵害公民生命健康罪犯矫正项目简介 …………………… 1

脱盲教育篇

法律教育篇

第一章　生命健康权概述 ………………………………… 19
第二章　侵害生命健康权的法律责任 ………………… 25
第三章　我国对暴力型犯罪的刑事立法特点 ………… 28

重塑新生矫正篇

第一章　冲突管理 ………………………………………… 35
　第一节　冲突的概念及特性 …………………………… 35
　第二节　冲突管理三步曲 ……………………………… 43
第二章　戾气管理 ………………………………………… 65
　第一节　认识戾气 ……………………………………… 65

第二节　戾气的危害 …………………………………… 80
第三节　控制和管理戾气 ……………………………… 88
第三章　情绪管理 ………………………………………… 119
第一节　情绪概述 ………………………………………… 119
第二节　为什么要管理情绪 ……………………………… 128
第三节　如何管理情绪 …………………………………… 141
第四节　情绪管理的几种特别方法 ……………………… 179

附　件

附件一　暴力侵害公民生命健康罪犯矫正项目测评试卷(一) ……………………………… 191
附件二　暴力侵害公民生命健康罪犯矫正项目测评试卷(一)答案 ………………………… 195
附件三　暴力侵害公民生命健康罪犯矫正项目测评试卷(二) ……………………………… 199
附件四　暴力侵害公民生命健康罪犯矫正项目测评试卷(二)答案 ………………………… 203

暴力侵害公民生命健康罪犯矫正项目简介

一、矫正项目设立的背景

暴力侵害公民生命健康,是指使用暴力手段以特定的或者不特定的人为侵害对象,蓄意伤害他人的身体或生命的犯罪行为,其具有明显的暴力性质。暴力手段,既包括通过器械、武器、外界环境(如悬崖、深水、高楼)等进行暴力侵害,也包括侵害人借助自己的身体进行侵害,如拳打脚踢,暴力侵害公民生命健康,是一种影响恶劣、性质恶劣的犯罪,不仅会给被害人及其家属造成深深的伤害,还会给民众造成不安全感,引起社会恐慌等。

另外,暴力侵害公民生命健康罪犯在作案时手段凶残,心狠手辣,审判后或自责内疚,或郁郁寡欢,会形成一定的负面心理,他(她)们往往存在性格缺陷、认知偏激、情绪自控力差等特征,如果这些问题得不到有效解决,在监狱服刑期间势必影响监狱的安全稳定,且难以预测,甚至其在刑释后可能再次危害社会。在本矫正项目对暴力型罪犯分类之前,一般情况下监狱会将暴力杀人、故意伤害类罪犯与暴力抢劫、绑架等罪犯统称为暴力型罪犯,并未考虑其暴力行为背后的实质并不相同。因此,监狱机关应对其进行深入的研究,并针对暴力型罪犯实施暴力以期达到的不同目的而制定各不相同的、系统的、完整的教育矫正措施及方案。

故编者编写了本矫正项目,将暴力型罪犯区分为侵财型和害命型,在本矫正项目中,暴力侵害公民生命健康罪犯,专指故意杀人、故意伤害等使用暴力手段侵害他人生命健康的罪犯,以期对此类罪犯进行行之有效的系列矫正。另外,暴力侵财型罪犯矫正项目为:暴力侵害公民财产罪犯矫正项目。

二、矫正需求分析

通过分析2012年至2016年7省(市)上传至中国裁判文书网的故意杀人犯罪判决书样本(共计1657份),编者对这5年间故意杀人案件的适用刑罚进行了研究。

(一)犯罪事实分析

1. 实施故意杀人犯罪行为的缘由生活化

7省(市)的故意杀人案件中大约有四成是由家庭矛盾引起的故意杀人案件,还有四成是男女朋友或者夫妻之间的感情问题。具体看来,主要有男女感情问题、生活压力、琐事争吵、通奸、债务等。案件主要发生在熟人之间,由家庭内部矛盾、恋情矛盾以及邻里、同事、合租等矛盾导致,大多数是因为矛盾冲突或情绪失控引发的凶杀案件;大部分案件发生在家中,也说明杀人案件多因生活中的感情和琐事而起。而且,因情感问题而采取故意杀人的犯罪行为明显呈上升态势,侵害人更多集中在“80后”和“90后”的青年人中。数据显示,当前的故意杀人案件有80%以上都是由生活中的琐事引发的。

2. 实施故意杀人行为的侵害人多数均悔罪

实施故意杀人行为的侵害人,在审判中,绝大多数对于自己实施的故意杀人犯罪行为具有不同程度的后悔。判决书显示,几乎所有的犯罪行为人对自己实施的犯罪行为都有深深的悔意;近七成的罪犯都愿意接受刑罚的处罚,甚至有罪犯愿意接受死刑立即执行的处罚,认为这是一种自我赎罪。许多侵害者在被捕之后,一直秉持认罪服法的态度,在法庭上也表示愿意接受刑罚。

3. 侵害人与被害人之间的矛盾并非不可调和

在案发前,侵害人与被害人之间的矛盾主要是由生活琐事引起,最终导致杀人伤人。数据显示,在案发后,被害人或其家属与侵害人之间的谅解率是比较高的。主要原因就是经济赔偿和情感羁绊,经济赔偿在客观方面减轻了被害一方的损失;另外,大部分侵害人与被害人之间都有情感羁绊,两者之间或为亲人、或为夫妻、或为好友……有着千丝万缕的情感联系,侵害人在一时冲动之后,在主观上具有认罪、悔罪的表现,能让被害人一方的情绪得到一定缓解。事实上,部分被害人与侵害人之间并不是不可调和的,甚至还有可以沟通的余地。因而,我们得出这样的结论：生活中矛盾和冲突无处不在，只要能正确地处理生活中所遇到的矛盾和冲突，让解决问题的途径更多一些，或许故意杀人案件就会减少很多。

（二）矫正需求分析

针对暴力侵害公民生命健康罪犯，通过查阅档案、数据分析、经验判断、罪犯面谈等方式，确定罪犯的矫正需求如下。

矫正需求一：文化水平较低。

云南某综合型监狱的暴力侵害公民生命健康罪犯的文化程度统计数据显示，在侵害人中，初中文化程度占45.2%，小学文化程度占31.6%，文盲则占6.5%，也就是说，初中及以下文化程度占83.3%，可见，侵害人的总体文化程度是比较低的。一个人的文化程度，不但表明了他的受教育状况，而且表明了他的文化知识水平。更重要的是，表明了他接受社会文明的程度。由于文化水平低，听不懂、讲不清，不能高效地与社会互动，不能顺利接受监狱对其的矫正教育。故意杀人、故意伤害犯罪的犯罪人大多为初中及以下文化程度，由于受教育程度低，他们思考问题的方式较为狭隘；另外，不认字、不识字，也不利于对他们的矫正。所以有效提高他们的文化水平，是降低其重犯率的一项重要措施。

矫正目标一：通过脱盲教育，使矫正对象掌握基本的书写能力，有效提高其文化水平、认知能力，促使其树立基本的“三观”（世界观、人生观、价值观）。

矫正需求二：对生命、健康的法律认识不足。

暴力侵害公民生命健康罪犯对他人的生命、健康权无敬畏之心，无视法律对人身权利的保护。在暴力侵害公民生命健康案件中，侵害人为农民、无业人员的比例相对较高，分别为41.8%、34.9%，两者共占侵害人数的76.7%。相对而言，他们的法律意识淡薄。另外，按照中国的传统观念，杀人偿命，仅仅因为不如意之事而要去杀人放火的人毕竟少之又少，因此，暴力侵害公民生命健康罪犯客观上确实是存在对法律敬畏意识不强、对生命敬畏心不足的问题。

矫正目标二：通过学习，让矫正对象领悟人生命的可贵、认识法律的威严，树立对法律的敬畏之心。

矫正需求三：遇到冲突时不能合法合理合情地解决，反而使冲突升级，让小事变成大事、大事搞成无法收场的命案、血案，事后气急败坏，常破罐子破摔，且无法从中吸取教训。

经数据分析研究发现，暴力侵害公民生命健康犯罪案件的起因大多是琐碎和简单的事由，因为情感纠纷而杀人的约占一半，因为邻里纠纷和琐事而杀人的占比也相当高。回顾许多暴力侵害公民生命健康的案件，无论当事人、司法人员还是普通民众，对于故意杀人、故意伤害等暴力犯罪案件皆具有一致的评价，他们认为人与人之间固然有矛盾、纠纷、摩擦存在，但这不能成为杀人的理由，应有更为合适的解决方法。这说明，暴力侵害公民生命健康犯罪基本上属于可以调和的矛盾，如果冲突处理得当,完全可以减少或避免此类犯罪行为的发生。

矫正目标三:通过冲突管理的学习,使矫正对象学会运用合法、合理、合情的方式解决问题。

矫正需求四:暴力侵害公民生命健康罪犯通常易怒、暴躁、戾气重。人在戾气缠身后,负能量爆棚,待人接物处事明显偏离正常轨道,极易成为危害他人、危害社会的“不定时炸弹”。

总体而言,暴力侵害公民生命健康的犯罪案件与生活中的小事息息相关。通过个案访谈、犯因分析,发现大部分案件中的案发缘由只是导火索,很多侵害者有长期的负面情绪经历。例如,婚恋关系不稳定,与伴侣分分合合多次,或生活不顺畅,总是磕磕绊绊,易发怒,易争吵,众多原因导致侵害人的精神和压力都处于紧绷的状态,戾气滋生并悄然滋长,稍有风吹草动便容易产生极端的行为。

矫正目标四:通过学习戾气管理,让矫正对象明白戾气的来源及危害,学习通过采用一些方法来控制、消融自身存在的戾气。

矫正需求五:情绪管理能力差。

暴力侵害公民生命健康罪犯,因情绪管理不良而经常陷入冲突中,也因为情绪管理不良而慢慢滋生了戾气,而冲突解决不当和戾气的弥漫又进一步加剧了其情绪的恶化。案发后,暴力侵害公民生命健康的侵害人往往也对自己实施的犯罪行为懊悔不已,表示只是一时冲动让自己无法控制情绪而实施了暴力杀人、伤人的行为。这说明,恶劣的情绪是故意杀人类犯罪案件的催化剂;如果人的情绪能得到适当的控制或管理,可以大幅度减少或避免暴力侵害公民生命健康犯罪行为的发生。

矫正目标五:通过情绪管理,使矫正对象了解情绪,控制情绪,认识情绪变化的原因并学习如何管理自己的情绪。

三、暴力侵害公民生命健康罪犯矫正项目适用对象

符合以下条件的认定为暴力侵害公民生命健康罪犯矫正项目适用对象:

1. 主罪为故意杀人、故意伤害、寻衅滋事等采取暴力行为伤害他人的罪犯。

2. 情绪容易激动、易怒、易与他人发生冲突的罪犯及非罪犯(非罪犯作为适用对象,主要学习冲突管理、戾气管理、情绪管理,其余矫正模块可根据自身需求而定)。

备注:

1. 一年以上刑期的男女罪犯通用。

2. 既有抢劫罪,又有杀人罪的罪犯(同时属于"侵财型罪犯"及"害命型罪犯"),应根据其主罪情况,优先参加对应的《暴力侵害公民生命健康罪犯矫正项目》或《暴力侵害公民财产罪犯矫正项目》,结束后再安排其参加另一个矫正项目。

四、矫正项目进程安排

综上所述,本矫正项目实施流程如图1所示:

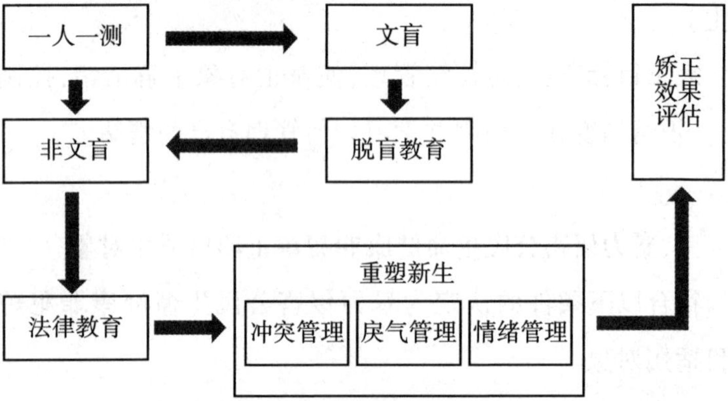

图1　暴力侵害公民生命健康罪犯矫正项目实施流程

暴力侵害公民生命健康罪犯矫正项目共设3个大矫正模块(3个矫正篇),分别为:脱盲教育篇、法律教育篇、重塑新生矫正篇。其中,重塑新生矫正篇是针对性矫正模块,包含冲突管理、戾气管理以及情绪管理。3篇共计283课时。

脱盲教育篇

脱盲即脱离文盲状态,能识字读书,能理解书面材料,能用书面语言表达自己的思想。在参加脱盲教育的识字和学习过程中,矫正对象要跟随矫正官进行一系列的思维活动及其他智力活动,如观察、比较、想象、推理等,这些或分析或综合或形象或抽象的思维活动,不仅可以使矫正对象的智力得到训练并不断提升其读、写、听、看的学习认知能力,还可以逐渐培养矫正对象对是非对错的辨识能力。

中华文化博大精深,从《三字经》《千字文》的识字开始,就饱含着纲常伦理的道德教育。汉字映射着中华民族博大的文化内容和独特的文化心理,反映中华民族认识世界的方式。

本篇是其余矫正模块的开端,语文部分从生活常识到四季更替,从学习历史到了解现在的祖国;数学部分讲述基本的加、减、乘、除和常见的各种图形形状。在学习认字识字的同时,更加重视激发矫正对象的爱国情怀,培养其自主学习和勇于创新的精神，形成健康的审美情感，从而有效地提升矫正对象的素养，为后续矫正工作打下坚实的基础。

本矫正模块总课时：190 课时

矫正目标：能正确地认、读、写；了解汉字与汉语拼音的关系，认读声母表、韵母表；能够阅读涉及日常生活的通俗文字内容；可以利用字典等工具进行扩展练习；能够进行数字及其符号认读；了解数学单位；学会使用时间工具；学会两位数以内的加、减、乘、除运算。

建议课时：190 课时（见表 1）

表1 脱盲教育教学课时安排

教学内容	课时数
生活中的读与写	120
第一单元 汉语拼音	20
第一课 ɑ o e	1
第二课 i u ü	1
第三课 b p m f	1
第四课 d t n l	1
学习园地(一)	2
第五课 g k h	1
第六课 j q x	1
第七课 zh ch sh r	1
第八课 z c s y w	1
学习园地(二)	2
第九课 ɑi ei ui	1
第十课 ɑo ou iu	1
第十一课 ie üe er	1
第十二课 ɑn en in un ün	1
第十三课 ɑng eng ing ong	1
学习园地(三)	2
怎样查字典(一)	1
第二单元 识字	100
识字(一)	6
第一课 一去二三里	1
第二课 数量词	1
第三课 常用的计量单位	1

续表

教学内容	课时数
第四课　票据用语	1
语文园地(一)	2
识字(二)	7
第一课　亲属的称呼	1
第二课　生活用品(一)	1
第三课　生活用品(二)	1
第四课　常见食物	1
第五课　蔬菜	1
语文园地(二)	2
识字(三)	6
第一课　人体健康	1
第二课　医院就诊科室	1
第三课　健康饮食	1
第四课　饮食疗法歌	1
语文园地(三)	2
识字(四)	6
第一课　城市公用标志	1
第二课　城市常见禁止标志和限制标志	1
第三课　城市常见安全警示标志	1
第四课　交通出行	1
语文园地(四)	2
识字(五)	7
第一课　国旗　国徽　国歌	1
第二课　歌唱祖国	1

续表

教学内容	课时数
第三课　我们的祖国(一)	1
第四课　我们的祖国(二)	1
第五课　中国传统节日	1
语文园地(五)	2
识字(六)	6
第一课　春	1
第二课　春风吹	1
第三课　春来了	1
第四课　古诗两首	1
语文园地(六)	2
识字(七)	7
第一课　夏	1
第二课　太阳岛上	1
第三课　盛夏	1
第四课　古诗两首	1
语文园地(七)	2
怎样查字典(二)	1
识字(八)	7
第一课　秋	1
第二课　秋天到	1
第三课　秋天的图画	1
第四课　秋天	1
第五课　古诗两首	1
语文园地(八)	2

续表

教学内容	课时数
识字(九)	6
第一课　冬	1
第二课　我爱你,塞北的雪	1
第三课　瑞雪图	1
第四课　古诗两首	1
语文园地(九)	2
识字(十)	7
第一课　农作物名称	1
第二课　传统农业常用名词	1
第三课　现代农业常用名词	1
第四课　多种经营奔小康	1
第五课　科学种菜能致富	1
语文园地(十)	2
识字(十一)	7
第一课　珍惜时光	1
第二课　董遇勤学的故事	1
第三课　匡衡借光读书	1
第四课　“黑板”跑了	1
第五课　学棋	1
语文园地(十一)	2
识字(十二)	7
第一课　古今科技	1
第二课　梦圆飞天	1
第三课　太空生活	1

续表

教学内容	课时数
第四课　电子邮件	1
第五课　克隆	1
语文园地(十二)	2
识字(十三)	7
第一课　改造三字经(一)	1
第二课　改造三字经(二)	1
第三课　吴明德学文化	1
第四课　从20岁到60岁	1
第五课　左新民的故事	1
语文园地(十三)	2
识字(十四)	6
第一课　品德	1
第二课　孔子谈道德	1
第三课　孙叔敖的故事	1
第四课　在金色的沙滩上	1
语文园地(十四)	2
总复习	8
生活中的数与算	70
第一单元　数	42
1.1　数的认识	4
1.2　加法	5
1.3　减法	5
1.4　乘法	9
1.5　除法	9

续表

教学内容	课时数
1.6　四则混合运算和应用题	6
数学园地(一)	4
第二单元　认识平面图形	26
2.1　线段、射线和直线	3
2.2　角	4
2.3　垂线和平行线	4
2.4　三角形	5
2.5　四边形	7
2.6　圆	1
数学园地(二)	2
第三单元　计算器	2
3.1　计算器的认识	1
3.2　计算器的使用	1
总课时数	190

在入监4周内,对矫正对象开展文化水平摸底测试,测试内容难易程度可以参照《三十二字循证矫正工作体系操作指南》中的《罪犯入监文化水平摸底测试(样卷)》,成绩低于60分的,认定为文盲,同时符合司法部《教育改造罪犯纲要》规定的入学条件的,为本模块的适用对象。鼓励年满45周岁且能够坚持正常学习的罪犯参加脱盲教育。脱盲教育统一使用司法部监狱管理局编写的“文化教育”系列教材之《扫盲》。在脱盲教育结束后,由监狱统一组织考试,考试合格者,颁发地方教育部门认可的脱盲证书。

法律教育篇

法律是一种外在性、他律性的规范，法律对人的行为产生约束力，公民依照法律行使权利及履行义务。

暴力侵害公民生命健康罪犯，无视法律，无视他人拥有的生命健康权（生命权、身体权和健康权），使用暴力行为肆无忌惮地侵害他人。

本篇通过讲解人的生命权、身体权和健康权以及侵害公民自然人生命健康权必须承担的法律责任，分析我国对暴力型罪犯的刑事立法特点，促使矫正对象敬畏生命、遵守法律。

本矫正模块总课时：6 课时

第一章　生命健康权概述

矫正目标:了解生命健康权的基本知识及意义

建议课时:2课时

生命健康权是在人类产生之后,随着人类的进步和发展而逐步形成的。纵观人类社会的文化和文明发展史,古往今来,生命健康权越来越受到人们的重视。生命健康是人享有一切权利的基础,如果人的生命健康权得不到保障,那么人的其他权利就很难实现或无法实现。2020年5月28日,十三届全国人大三次会议表决通过的《民法典》中更是将生命健康权进一步分为:生命权、身体权及健康权。

一、生命健康权的定义

我国《民法典》第110条第1款规定:“自然人享有生命权、身体权、健康权、姓名权、肖像权、名誉权、荣誉权、隐私权、婚姻自主权等权利。”生命权、身体权、健康权属于人格权的一种,在该法条中排在前三位,可见其重要性,它们主要是指自然人对自己的生命安全、身体组织、器官的完整和生理机能以及心理状态的健康所享有的权利,是公民(自然人)享有的最基本的人权。

二、生命健康权的种类

公民生命健康权包含生命权、身体权、健康权三类。

(一)生命权

我国《民法典》第1002条规定:“自然人享有生命权。自然人的生命安全和生命尊严受法律保护。任何组织或者个人不得侵害他人的生命权。”

生命权是公民(自然人)享有的生命安全不被非法危害、剥夺的权利,它是公民从事一切活动的前提和基本条件。生命是公民作为权利主体而存在的物质前提,生命权一旦被剥夺,其他权利就无从谈起,所以,任何人不得非法危害、剥夺他人的生命权,凡致人人身伤害、死亡的非法行为均属于侵害生命权的行为。当他人非法侵害自身生命安全时,被侵害人有权依法自卫和请求司法保护。从法律角度来讲,保护生命权不受非法侵害也是我国法律的首要任务。

(二)身体权

我国《民法典》第1003条规定:“自然人享有身体权。自然人的身体完整和行动自由受法律保护。任何组织或者个人不得侵害他人的身体权。”

身体权,是指自然人保持其身体组织完整并支配其肢体、器官和其他身体组织,保护自己的身体不受他人违法侵犯的权利。身体是生命的物质载体,是生命得以产生和延续的最基本条件,由此决定了身体权对自然人至关重要。身体权与生命权,健康权密切相关,但又有所区别。身体权所保护的是身体组织的完整及对身体组织的支配。例如,手、脚、眼、耳、口、鼻、舌等人体各部位各器官,都受到法律的保护,无论是断手、断脚,还是挖眼、割鼻等伤害都会影响整个人的生命健康,也都会受到法律的严惩。

(三)健康权

我国《民法典》第1004条规定:"自然人享有健康权。自然人的身心健康受法律保护。任何组织或者个人不得侵害他人的健康权。"

健康权是公民(自然人)依法享有的身体健康不受非法侵害、保护身体各器官和机能安全的权利。健康权的内容主要表现为公民有权保持自己身心健康和维护自己身心健康利益的权利,当健康权受到不法侵害时,被侵害人有权依法自卫和请求司法保护。一般来说,侵害自然人的身体往往导致对自然人的健康产生损害,甚至危害自然人的生命,因此,对于不法侵害公民健康权的行为,不仅要追究其民事责任,有时还要追究其刑事责任。

三、保护生命健康权的意义

生命健康是自然人享有一切权利的基础,生命权、身体权及健康权都是以自然人的生命维持和安全利益为内容的人格权。保护生命健康权具有重要意义。

（一）保护生命健康权是保护人最重要利益的基本手段

生命健康是人成为法律主体的根本，生命健康是公民从事民事活动和其他一切活动的前提。保护公民的生命健康权，能有效限制、杜绝任何机关、单位和个人非法剥夺他人的生命健康。

生命健康权是公民（自然人）享有其他人格权的前提和基础，其重要性非其他人格权可比拟。各项人格权均以生命权为基础，因自然人的出生而取得、死亡而丧失。

生命是不可替代和不可逆转的，是人得以存在的体现，公民（自然人）一旦丧失了生命健康权，死亡了，其他任何人格权也就不存在了。所以，生命健康权是自然人最基本、最重要、规格最高的个人利益。

（二）保护生命健康权是确保社会发展的基石

社会发展的关键，是在社会发展中起到关键作用的人。人是推动社会发展的主体，从生产最基本的物质资料到大的发明创造、社会变革等所有社会活动，都离不开人。保护生命健康权，也就是保护人。

人要在社会中起作用，体现自我存在的价值，推动社会发展，最基本的前提就是其生命健康权要得到保障。如果社会对每一个人都缺乏敬畏生命健康的意识，无视人的生命健康，任何人都可以肆意剥夺他人的生命,那人类社会与动物世界就没什么区别,弱肉强食,打打杀杀,混乱的社会根本就谈不上发展。所以,保护公民(自然人)的生命健康权,是确保社会发展的基石。

四、敬畏生命

人的一生,可以没有金钱,没有名利,但绝对不能没有生命。生命是一切的根本,没有了它,人拥有再多的财富、名利都将毫无意义。

有些人,在碰到丁点儿大的矛盾时,解决不了就大打出手,甚至杀人害命。这是对他人的生命没有敬畏之心,这种暴力行为对他人对自己都不负责。自己的命是命,他人的命也是命,没有人可以随便剥夺他人的生命。矛盾、冲突无处不在,当矛盾、冲突发生时,一定要明确:无论任何时间地点,无论任何理由,都绝不能对他人的生命产生威胁,更不能剥夺他人的生命。当然,对自己的生命也不例外。

敬畏生命可以让人了解生命、保持生命,促进生命的发展,实现生命的价值。在我国古代,庄子认为生命是最宝贵的,生命的价值是无可估量的。道家思想提出了"物无贵贱,万物平等"的生态伦理自然价值观点,意思就是说生命是平等的,没有高低贵贱之分。儒家也提倡同样的理念,认为君子必须敬畏生命,看见他人受害要感同身受,要仁德。佛家的"众生平等"亦是如此。因此,敬畏生命不仅要敬畏自己的生命,也要敬畏他人的生命。当人能够发自内心地敬畏生命时,自然而然地也能做到自觉遵守保护生命健康的相关法律。

矫正作业:

1. 简述什么是生命健康权,生命健康权分为哪几类。
2. 简述为什么要保护生命健康权。
3. 结合矫正内容,简述如何保障自身的生命健康权。

矫正对象将答案填写在《矫正足迹》中;社会人可以思考。

第二章　侵害生命健康权的法律责任

矫正目标:认识侵害生命健康权的后果,掌握侵害生命健康权的民事责任、行政责任和刑事责任

建议课时:2 课时

生命健康权是公民的基本权利。国家立法保护公民的生命健康权,规定任何非法侵犯生命健康的行为都要受到法律的制裁,承担相应的法律责任。侵犯生命健康权的法律责任有民事责任、行政责任和刑事责任 3 种。

一、民事责任

生命健康权的民事保护,主要是依据有关民事法律法规,通过自卫权和请求权的方式追究有关当事方的民事法律责任。

在侵害生命权的犯罪案件中,由于被害者的生命已经逝去,侵害行为不可能再对被害者本身造成其他方面的损害,这时对被害者本身已经无法进行补救,停止侵害、排除妨碍、清除危险等民事责任方式都已不再适用,侵权人一般只承担赔偿损失这一民事责任。赔偿范围一般包括:死者家属支出的丧葬费

用、死者生前所要抚养的人必要的生活费等。

在侵害他人健康权中，侵权人应承担的民事责任包括停止侵害、消除危险、赔偿损失。侵害健康权的损失赔偿范围一般包括：受害者的医疗费、误工费、生活补助费、精神损失费等。

在实践中，大量侵害公民生命健康权的行为由于未达到触犯刑法的严重程度，主要是由民事法律法规来加以调整。民事责任不仅可以单独适用，在判定侵害人承担行政责任或刑事责任的同时，也可以并处适用。因此，民事责任在侵害公民生命健康权的法律责任中是最常见的。

二、行政责任

生命健康权的行政保护主要通过国家立法、行政管理来实现。一是国家立法，如我国《行政处罚法》第60条规定："行政机关违法实行检查措施或者执行措施，给公民人身或者财产造成损害、给法人或者其他组织造成损失的，应当依法予以赔偿，对直接负责的主管人员和其他直接责任人员依法给予行政处分；情节严重构成犯罪的，依法追究刑事责任。"我国《治安管理处罚法》第43条规定："殴打他人的，或者故意伤害他人身体的，处五日以上十日以下拘留，并处二百元以上五百元以下罚款；情节较轻的，处五日以下拘留或者五百元以下罚款……"

二是通过民政、卫生、交通、治安等行政管理来实现。当侵害公民生命健康权没有达到触犯刑法的严重程度时，可判令侵权人承担一定的行政责任，主要包括两种：一种是国家机关、企事业单位根据法律赋予的权限，给予其所属人员警告、记过、降级、撤职、开除等行政处分；另一种是由其他行政机关或司法机关给予直接责任人警告、罚款、拘留、没收违法所得（非法财物）、吊销执照、扣留财物、责令停产停业等行政处罚。

三、刑事责任

根据《刑法》等规定，侵犯人生命健康权的行为，情节严重构成犯罪时，侵权人即应承担刑事责任，受到刑罚制裁。我国《刑法》第232条规定："故意杀人的，处死刑、无期徒刑或者十年以上有期徒刑；情节较轻的，处三年以上十年以下有期徒刑。"第234条规定："故意伤害他人身体的，处三年以下有期徒刑、拘役或者管制。犯前款罪，致人重伤的，处三年以上十年以下有期徒刑；致人死亡或者以特别残忍手段致人重伤造成严重残疾的，处十年以上有期徒刑、无期徒刑或者死刑。本法另有规定的，依照规定。"

矫正作业：

简要说明侵害生命健康权的法律责任。

矫正对象将答案填写在《矫正足迹》中；社会人可以思考。

第三章　我国对暴力型犯罪的刑事立法特点

矫正目标：讲解暴力型犯罪的刑事立法特点，结合我国《刑法》《刑法修正案》等法律规定，从法律层面进行分析，使矫正对象增强敬畏意识。

建议课时：2 课时

从我国《刑法》《刑法修正案》及相关法律法规的变化发展，可以看出我国故意杀人罪、故意伤害罪及相关刑事立法有如下特点。

一、总体刑罚加重

我国 1979 年《刑法》第 134 条第 1 款规定："故意伤害他人身体的，处三年以下有期徒刑或者拘役。"第 2 款规定："犯前款罪，致人重伤的，处三年以上七年以下有期徒刑；致人死亡的，处七年以上有期徒刑或者无期徒刑。本法另有规定的，依照规定。"我国 1997 年《刑法》第 234 条第 1 款规定："故意伤害他人身体的，处三年以下有期徒刑、拘役或者管制。"第 2 款规定："犯前款罪，致人重伤的，处三年以上十年以下有期徒刑；致人死亡或者以特别残忍手段致人重伤造成严重残疾的，处十年以上有期徒刑、无期徒刑或者死刑。本法另有规定的,依照规定。”

2011 年我国《刑法修正案(八)》作出了限制减刑的规定:“对被判处死刑缓期执行的累犯以及因故意杀人、强奸、抢劫、绑架、放火、爆炸、投放危险物质或者有组织的暴力性犯罪被判处死刑缓期执行的犯罪分子,人民法院根据犯罪情节等情况可以同时决定对其限制减刑。”

侵害公民生命健康使用的就是暴力手段,上述这些法律条款的变化表明,国家对暴力型犯罪的打击和惩罚力度越发严厉,体现了国家对公民生命健康权的保护力度日益加大。

二、罪犯实际服刑时间和减刑幅度趋严

(一)《刑法修正案(八)》调整延长了无期徒刑罪犯减刑的服刑时间,增加了限制减刑的死刑缓期执行罪犯减刑后实际执行刑期的规定

第一,我国《刑法》第 78 条第 2 款无期徒刑的减刑后的实际服刑时间由原来的“判处无期徒刑的,服刑不能少于十年”修改为“判处无期徒刑的,不能少于十三年”。

第二,增加了限制减刑的死刑缓期执行罪犯减刑后实际执行刑期的规定,即我国《刑法》第 78 条中增加了“人民法院依照本法第五十条第二款规定限制减刑的死刑缓期执行的犯罪分子,缓期执行期满后依法减为无期徒刑的,不能少于二十五年,缓期执行期满后依法减为二十五年有期徒刑的,不能少于二十

年”的规定。

（二）最高人民法院《关于办理减刑、假释案件具体应用法律的规定》（法释〔2016〕23号）中，增加了财产性判项的执行要求，延长了暴力型罪犯减刑的服刑时间

1. 延长了罪犯减刑时的实际服刑时间

该规定第7条中提到，“对被判处十年以上有期徒刑的前款罪犯，以及因故意杀人、强奸、抢劫、绑架、放火、爆炸、投放危险物质或者有组织的暴力性犯罪被判处十年以上有期徒刑的罪犯，数罪并罚且其中两罪以上被判处十年以上有期徒刑的罪犯，执行二年以上方可减刑，减刑幅度应当比照本规定第六条从严掌握，一次减刑不超过一年有期徒刑，两次减刑之间应当间隔一年六个月以上”。

2. 增加了减刑时履行财产性判项情况的规定

该规定第9条中提到，“对被判处无期徒刑的职务犯罪罪犯，破坏金融管理秩序和金融诈骗犯罪罪犯，组织、领导、参加、包庇、纵容黑社会性质组织犯罪罪犯，危害国家安全犯罪罪犯，恐怖活动犯罪罪犯，毒品犯罪集团的首要分子及毒品再犯，累犯以及因故意杀人、强奸、抢劫、绑架、放火、爆炸、投放危险物质或者有组织的暴力性犯罪的罪犯，确有履行能力而不履行或者不全部履行生效裁判中财产性判项的罪犯，数罪并罚被判处无期徒刑的罪犯，符合减刑条件的，执行三年以上方可减刑，减刑幅度应当比照本规定第八条从严掌握，减刑后的刑期最低不

得少于二十年有期徒刑；减为有期徒刑后再减刑时，减刑幅度比照本规定第六条从严掌握，一次不超过一年有期徒刑，两次减刑之间应当间隔二年以上”。

该规定第11条中提到，“对被判处死刑缓期执行的职务犯罪罪犯，破坏金融管理秩序和金融诈骗犯罪罪犯，组织、领导、参加、包庇、纵容黑社会性质组织犯罪罪犯，危害国家安全犯罪罪犯，恐怖活动犯罪罪犯，毒品犯罪集团的首要分子及毒品再犯，累犯以及因故意杀人、强奸、抢劫、绑架、放火、爆炸、投放危险物质或者有组织的暴力性犯罪的罪犯，确有履行能力而不履行或者不全部履行生效裁判中财产性判项的罪犯，数罪并罚被判处死刑缓期执行的罪犯，减为无期徒刑后，符合减刑条件的，执行三年以上方可减刑，一般减为二十五年有期徒刑，有立功表现或者重大立功表现的，可以比照本规定第十条减为二十三年以上二十五年以下有期徒刑；减为有期徒刑后再减刑时，减刑幅度比照本规定第六条从严掌握，一次不超过一年有期徒刑，两次减刑之间应当间隔二年以上”。

三、假释条件变化

（一）不断严格，细化了假释条件

我国1979年《刑法》第73条规定：“被判处有期徒刑的犯罪分子，执行原判刑期二分之一以上，被判处无期徒刑的犯罪分子，实际执行十年以上，如果确有悔改表现，不致再危害社会,可以假释。如果有特殊情节,可以不受上述执行刑期的限制。"《刑法修正案(八)》对我国1997年《刑法》第81条进行了修改,假释条件进一步严格、细化,"对累犯以及因故意杀人、强奸、抢劫、绑架、放火、爆炸、投放危险物质或者有组织的暴力性犯罪被判处十年以上有期徒刑、无期徒刑的犯罪分子,不得假释"。2017年1月1日起施行的最高人民法院《关于办理减刑、假释案件具体应用法律的规定》第25条规定:"对累犯以及因故意杀人、强奸、抢劫、绑架、放火、爆炸、投放危险物质或者有组织的暴力性犯罪被判处十年以上有期徒刑、无期徒刑的罪犯,不得假释。因前款情形和犯罪被判处死刑缓期执行的罪犯,被减为无期徒刑、有期徒刑后,也不得假释。"

(二)《刑法修正案(八)》对我国1997年《刑法》第81条进行了修改,将无期徒刑罪犯办理假释的实际服刑年限,由"实际执行十年以上"修改为"实际执行十三年以上"

总之,从对暴力型犯罪的刑罚法律条款修改,到办理减刑假释案件要求的实际服刑时间,再到增加减刑时履行财产性判项情况的规定等来看,我国对暴力型犯罪的刑罚逐渐加重。因此,大家需要学会的是敬畏法律,敬畏生命。

矫正作业:

简述我国对暴力型犯罪的刑事立法特点。

矫正对象将答案填写在《矫正足迹》中;社会人可以思考。

重塑新生矫正篇

新生的解释为：初学的学生，精神上的再生或者刚入学的学生。对于入监服刑的罪犯来说，新生的含义即为自觉改正，重新做人。新生意味着，有针对性地矫正自己过去的缺点及错误，唤醒自己被遮住的良知，与自己的过去一刀两断，不在同一个坑里跌倒两次，不再犯类似的错误，开启自己全新的一段生命旅程。

违法犯罪的原因大致可概括为：对其自身犯罪危害认识不清，良知被眼前的利益或一时之气所遮蔽，有的人好逸恶劳，胆大妄为，恃强凌弱；有的人利欲熏心，不知敬畏；有的人则是被洗脑欺骗还深信不疑；还有的人存在侥幸心理，不会管理自身情绪，戾气缠身，怨气冲天等。根据循证矫正原则，对罪犯的犯因开展针对性矫正及教育，是打开罪犯新生之门的重要钥匙。

本篇在不同的矫正项目中装载的是对应各自矫正项目的针对性矫正内容，根据不同的犯罪类型，抓住各不相同的犯因,开展针对性矫正,指导罪犯解决在刑满后可能面对的一些困难和问题,引导矫正对象重塑新生,深刻认识犯罪危害,从根源上解决犯罪相关问题,学会管理情绪,化解戾气以及解决冲突,为重回社会、走向新生打下坚实的基础。本篇内容还适合于戾气重、易冲动、情绪暴躁及坏脾气的社会人进行学习。学会这些问题的解决方法,在很大程度上可以帮助个人化解戾气、减少冲动、改善情绪等,也致力于将因此导致的违法犯罪扼杀在萌芽状态,促进社会安定和谐。

暴力侵害公民生命健康罪犯矫正项目的重塑新生矫正篇主要内容是:冲突管理、戾气管理、情绪管理。

本矫正模块总课时:87 课时

第一章　冲 突 管 理

矫正目标:冲突无处不在,无论是罪犯还是非罪犯,无论在监狱内还是在社会中,人与人之间都有可能发生冲突。一旦被卷入冲突或没有处理好即将面临的冲突,人就可能会损失大量的时间、金钱、精力等,从而身陷冲突的旋涡之中,甚至做出违法犯罪的事。因此,认识冲突、了解冲突的特性、学习怎样处理和管理冲突是非常有必要的。

建议课时:17 课时

第一节　冲突的概念及特性

矫正目标:讲解冲突的基本概念,并从冲突的特性入手,深入分析冲突,让冲突从抽象变得形象,使矫正对象(学习者)认识冲突及冲突的特性。

建议课时:3 课时

冲突的概念

建议课时:1 课时

人在社会交往过程中必然要与他人进行各种各样的来往,而人与人之间客观上存在利益、观念、文化等方面的差异,在人与人的来往过程中势必会产生形式各异、程度不同的矛盾和纠纷,可以将这些矛盾和纠纷统称为冲突。简单来说,冲突就是矛盾/当事人双方对同一事物所持观点不同,看法不同,理解程度不同,然后,双方为了获得胜利或占有主动而产生观念和行为上的对立或对抗。

冲突是社会发展过程中的一种社会现象,只要有人在的地方就会有冲突。冲突是无法避免的且客观存在于人类生活、学习和工作的各个领域、各个层次,在现实生活中,有的人因为矛盾冲突弄得互不理睬、面红耳赤;有的人因为矛盾冲突而将他人打伤,甚至打死,这些都是错误甚至违法的处理方式,可以说这些人完全不懂如何处理矛盾和冲突。纵观历史,记载上也有很多妥善解决矛盾冲突的事例,如“化干戈为玉帛”“六尺巷”“负荆请罪”等故事被广为流传,这些都值得大家学习和借鉴。

既然冲突存在于有人的地方,那么监狱也不例外,狱内冲突是客观存在的,且存在于罪犯的整个服刑改造过程中。在日常改造生活中,当服刑人员的所需、所求与其他服刑人员的利益发生矛盾而未能得到及时解决时,这种情况就会升级为狱内冲突。服刑人员之间因为发生矛盾可能会互不理睬、怀恨在心、故意找碴儿,有的服刑人员因为发生矛盾后没有控制自己的情绪,没有化解冲突,在狱内对他犯行凶伤害,走上再次犯罪的道路。这些都是大家不愿意看到、不想发生的事情。冲突和对抗,会破坏罪犯之间的人际关系,影响监狱的改造氛围,严重时,还可能破坏监狱的正常改造秩序。因此,每一名罪犯都应当正确对待和处理矛盾冲突;当与他人发生矛盾冲突时,应当保持克制与冷静,避免用不当言语中伤刺激他人,更不允许使用暴力手段解决矛盾冲突。要学会尊重他人的生命健康、人格尊严,远离暴力冲突,遵守、敬畏监规纪律和法律法规,平安自己、平安他人、共同构建平安和谐的改造环境。

有冲突并不可怕。只要大家了解了冲突产生的原因、发展的过程、可能产生的后果,冲突管理的原则、步骤、方法技巧,并在日常生活中加以实践,就能逐步学会控制和管理冲突。

矫正作业:

简述什么是冲突?

矫正对象将答案填写在《矫正足迹》中;社会人可以思考。

冲突的特性

建议课时:2 课时

在日常生活中,当自己所需、所求与他人的利益发生矛盾而未能得到及时解决时,可能就会升级为冲突。在与人相处中,每个人都可能有意无意地引起冲突,也可能被动地卷入冲突之中。无论是引起冲突,还是无辜被卷入冲突,都有可能使自己遭受损失。另外,当冲突爆发时,如果处理不当,甚至会引发违法犯罪行为。为了正确处理冲突,需要对冲突进行深刻的分析,综合来看,冲突具有以下特性:

一、普遍性

冲突具有普遍性。冲突的普遍性,是指无论是在生活、工作还是学习方面都会发生冲突,也就是说,只要有两个(及以上)人在的地方就可能有冲突。冲突涉及人的利益、观念和文化,覆盖范围较广,其表现形式也是多种多样的。

由于每个人的成长环境、生活环境、教育环境等方面不同,导致人们的观念、文化背景、处事方式等方面也会不同。当这些不同观点互相碰撞之时,就可能引发冲突。冲突既可能发生在朋友、邻里和陌生人之间,也有可能发生在亲人之间;既有可能发生在关系切身利益的大事之中,也有可能发生在日常小事之中。

例如,兄弟姐妹因为分家或分配遗产问题而发生冲突;村子里相邻的两家人因为田地边界侵占问题而发生矛盾冲突;农民在烟草收购站因烟草评定等级不满意的问题与烟站工作人员发生冲突;劳动者加了几天班,但老板没有发加班工资,因而与老板发生直接冲突;在工作中,为完成某项任务,拼命干活,虽然出发点是好的,但是在与工友合作时产生了分歧,发生了冲突;等等。这些都是因为矛盾、纷争、利益或者沟通不便而引发的冲突，渗透在我们的生活、工作中。

冲突确实无处不在，在监狱中亦不例外。在日常改造生活中，夜晚，已到就寝时间，同一监舍的两名服刑人员大声聊天，严重影响了其他人的休息，这时，说话的人容易与睡觉的人发生矛盾，进而引起冲突。早晨洗漱时，张三的洗脸水溅到李四衣服上，李四的牙膏粘到张三脸上，稍不留神，二人就产生了摩擦，发生了冲突。

冲突有小有大，有自己制造的，也有被卷入其中的。因此，冲突普遍存在于你我周围。

二、差异性

冲突的差异性，是指不同人的性格、修养、文化程度等方面存在差异，差异处理不好就会发生冲突，当然，当冲突发生时，面对冲突采取的解决方法各不相同，结果也不一样。

由于文化存在差异，日常打招呼都可能引起冲突。比如，中国人大多会问“吃了吗？”“去哪里？”体现人与人之间的一种亲切感，可是对于西方人来说，这样的问候令人尴尬，甚至不快，他们会认为你是在“质问”“盘问”他们，要偷窥他们的私生活，这就引发了矛盾和冲突。称谓方面也是如此，在西方，常用“先生”和“夫人”来称呼陌生人，对十几或二十几岁的女子就称呼为“小姐”，在中国称呼陌生女子一声“小姐”，她嘴上不说，心里却会不悦，严重一点，她会认为这个称呼是在侮辱她，这样很容易就会产生矛盾冲突。又如,在印度尼西亚和马来西亚,无论大人小孩,头部都是神圣的部位,不允许他人触碰,而在我国,长辈抚摸小孩的头部,则是一种表示关心和亲切的动作,那么,如果我们不了解其传统,摸了印度尼西亚或马来西亚国家小孩的头,就会引起很大的冲突。同文化差异引起冲突一样,不同的性格、修养、文化程度也会使人产生冲突。

另外,当冲突发生时,不同人的差异决定了其解决冲突的结果也不一样。例如,在人群拥挤的农贸市场,因为拥挤发生了误踩脚的事,处理方式不同,结果也不相同。比如,温文尔雅的读书人谢某和不善言辞的文盲李某都因为拥挤而踩到了王某的脚。王某骂了一句:"你眼睛瞎了？走路不好好看看?"谢某主动道歉:"对不起,是我不小心,请您原谅。"结果谢某和王某之间可能就"大事化小,小事化了"。而李某则针尖对麦芒,回应说:"咋了,就踩你了,你想怎么样?"结果激化矛盾,直接导致李某和王某之间的冲突进一步升级,二人甚至可能大打出手,这就是冲突的差异性。

三、可控性

冲突的可控性,是指冲突双方在冲突发生时,当事人如果能够采用适当的方式方法来处理,就可能有效防止冲突的扩大和升级,进而使冲突得到有效的解决和化解;如果当事人不够冷静、理智,采用的方式方法不恰当,就必然会使冲突扩大升级，最终造成无法挽回的恶果。

《水浒传》中经典人物杨志，是杨家将后人，在穷困潦倒、走投无路的情况下，被迫在街头叫卖祖上传下来的宝刀，遇到了无赖的刁难。无赖故意找碴儿，扬言若杨志不能演示杀人来证明此刀有不沾血的神奇，就把宝刀拿走。杨志在无赖的羞辱和围观众人的起哄中恼羞成怒，一刀将无赖砍死，犯了法，被逼上梁山，落草为寇，既断送了前程，又辱没了祖上杨家将的名声，最后病逝于丹徒县。这是一个没有控制好冲突的典型例子，在碰到无赖纠缠和刁难时，如果杨志能够正确处理冲突，将冲突控制住，或许又是另外一番情景。

相反，汉初三杰之一的淮阴侯韩信，在年轻时有一次遭遇了恶少的当众挑衅和羞辱，要韩信从自己裤裆下面钻过去。当时的韩信并没有感情用事，当众与恶少发生冲突，而是当着许多围观人的面，从恶少的裤裆下钻了过去，被史书上称为“胯下之辱”。后来韩信被刘邦拜为大将军，充分发挥了其卓越的军事才能，帮助刘邦建立汉朝，创下了一段佳话。韩信在面对恶少挑衅的时候，能屈能伸，经得住“胯下之辱”，正确地处理了冲突，将冲突控制在了最小状态，被世人广为传颂。

试想，如果当时杨志能够有效地管控冲突，凭他的能力和本事，必定能成就一番事业，即便不能做成惊天动地的大事，也不至于当了山贼，辱没了祖上杨家将的威名。如果年轻的韩信在盛怒之下与无赖发生冲突，或者被对方打残、打死，或将对方打成重伤,甚至杀死,那他后来还会成为叱咤风云的大军事家,还会成为“汉初三杰”实现自己的人生价值,青史留名吗?

在农村,侵占邻里土地或空间的事时有发生。例如,李家盖的房紧挨着龙家的后院墙,龙家说李家欺人太甚,李家说龙家这点鸡毛蒜皮的事也较真,两家人就杠上了,等外出务工的孩子们回来,两家人更是互不相让,最后直接拿上铁锹、锄头对打起来,结果李家的二叔被打伤医治无效死亡,龙家的大儿子因故意伤害罪被判入狱服刑。李家的房子也没盖成,龙家的人也坐了牢。大家想想看,这样处理冲突,到底谁是赢家?

其实,冲突是有可控性的,面对冲突,如果当事人或者当事双方能够冷静下来,互相谦让,各自让一步,又或者寻求第三方协调解决,充分利用冲突的可控性,将冲突控制住,使“大事化小,小事化了”,也不至于导致后来矛盾升级,违法犯罪的惨剧。因此,认识冲突的可控性,学会有效地管控冲突,不仅能让服刑人员顺利解决冲突,还能让其愉快生活,享受人生,创造价值。

矫正作业:

1. 简述冲突有哪些特性。

2. 结合自己遇到或听到的冲突事件,分析冲突是否可以控制。

矫正对象将答案填写在《矫正足迹》中;社会人可以思考。

第二节　冲突管理三步曲

矫正目标:通过讲解,使矫正对象(学习者们)了解一些解决冲突的原则及方法,掌握事前、事中、事后解决冲突的措施。

建议课时:14 课时

虽然冲突是普遍存在的,也是不可避免的,但一些人能够管理控制好自己,避免与他人发生的冲突。另外一些人则不会处理和管理冲突,甚至将冲突升级、扩大,若发生严重后果,还将自己送进了监狱。因此,为了避免和控制冲突,将冲突引起的伤害降低到最小,每个人都需要学习如何管理控制冲突。

所谓冲突管理,是指当冲突可能出现或已经出现时,以理智的头脑思考问题,以务实的态度和妥当的方法、手段应对冲突,对冲突进行控制和解决,在冲突尚未发生时尽量避免发生冲突,在冲突发生后控制冲突发生的事态,将冲突引发的危害降低至最小的过程。

总体来说,冲突管理可分为 3 大步骤,我们称之为冲突管理“三步曲”:第一步,避免冲突;第二步,控制、解决冲突;第三步,事后分析冲突。

避免冲突

建议课时:4 课时

“上医治病于病发之前，下医治病于病发之后，圣人不治已病治未病。”简单地说，不应在病发之后才开始治病，而应注重预防，让人少生病甚至不生病。这个道理放在冲突管理的过程中也同样适用，解决冲突的最好办法也是要能做到预防，即在冲突还未发生之前，提前预料到在什么时间、什么地方，与什么人打交道，做什么样的事情时，可能会遇到冲突，于是防患于未然，采取一些相应的措施，直接避免冲突发生。在面对普遍存在于人与人之间的冲突时，应该学会避免冲突，不主动制造冲突，不被动卷入冲突，即使不慎被卷入冲突也应该知道如何正确应对。

一、不主动制造冲突

根据前面讲述的冲突特性，可以知道，虽然冲突是普遍存在的，但冲突也是可以管控的。那么，具体该如何做呢？

首先，与人相处要尊重对方。通过学习冲突的概念及特性，大家知道，冲突之所以会发生是因为冲突双方的利益、观念、文化背景等客观上存在差异。因此，要想做到不主动制造冲突，与人打交道的时候，就要尊重对方，尊重对方的利益、观念、信仰等。

其次，说话要有分寸。要注意说话的时间、场合和方式，说出去的话，就像泼出去的水，覆水难收。说话没有分寸，不但让他人受伤，也会害自己，冲突很可能因此而起。因此，说话一定要注意分寸,要对事而言,切记不要哪壶不开提哪壶。例如,在他人伤心哭泣的时候,要安慰他人,在这个时候就千万不要说一些自己开心的事情,你得意的样子和没有分寸的言语,只会让他人更加难过,甚至产生误会,从而引发矛盾冲突。

最后,要做事得当。与人相处、做事要用得当的方式,要学会换位思考,多考虑身边周围人的感受。换句话说,就是做事情要能设身处地为他人着想,也能认清自己的位置,并保持一个合适的距离,做到这些实际上就已经做到了不自己制造矛盾。比如,当你有一辆车,开车到达目的地后,就不要把车停在商场、小区门口等车辆通行的通道,因为这样会影响他人的通行,给他人造成不必要的麻烦,引发矛盾,因此,停车时要多为他人着想。还有,在食堂、饭店等公共场所吃饭的时候,大家都用提供的餐具(筷子、餐碗等)吃东西,无论你有多爱你的狗狗,也切不可拿这些餐具给宠物喂食,不然的话,让正在用餐的人或者商家看见可能会引起矛盾,进而引发冲突。

在改造生活中更应如此,因为监狱空间有限,服刑人员同在一个监室,卫生间、洗漱池等都是公用的,且大家的作息时间都是一样的,因此,要学会尊重对方,说话有分寸,做事更要得当。比如,服刑人员在洗漱或洗衣服时,尽量不要把水溅到他人身上,如果不小心溅到,就应该有礼貌地说声“对不起”,同样地,被水溅到的一方也要回答得当,给主动道歉的人台阶下,说声“没关系”;起床后,大家都排队上卫生间,服刑人员不应插队或是不停催促他人，尽量忍耐，催促他人也要注意说话的方式，多用礼貌用语“请”，而不应骂骂咧咧。这只是两个日常生活中的例子，希望大家举一反三，在与人相处时学会尊重对方，说话有分寸，做事要得当，做一个让人相处起来很舒服的人，这样的话，就能最大限度地避免主动制造冲突。

二、卷入冲突冷静处理

在现实生活中，有可能冲突并不是自己主动制造的，自己却被动卷入其中。

首先，要学会避让冲突。发现正在发生的冲突，就要及时避让，或者事先进行避嫌。我国有“一人不进庙，二人不看井，三人不抱树，独坐莫凭栏”的说法，这是什么意思呢？以前的庙里都有较贵重的器皿，一个人进去，有偷东西的嫌疑，假如有人独自一人进了庙，而庙里正好又丢失了贵重的东西，那么这个人进庙偷东西的嫌疑就很大，“一人不进庙”就说的是应提前避免发生误会；两个人一起去看井，如果一个人不小心失足跌入井中，很有可能会被误解是被另外一个人推下去的，这时另外一个人便是“百口莫辩”，有理说不清，无端卷入冲突中，“二人不看井”同样也是让人事先避让冲突；“抱树”其实指的是抬树，3 个人一起抬树，其中一个人可能就会有偷懒的机会，进而导致 3 个抬树的人互相猜忌，引起冲突；“独坐莫凭栏”的意思是说，一个人在独坐的时候，容易想到一些悲伤的事情，坐在高处，也容易让人想不开,人要爱惜自己的生命,应尽量远离危险的事物。这些古人总结的道理很精妙,大致的意思就是提醒人们在冲突矛盾发生之前就应进行预先的避让、避嫌,正确的做法可以让人提前预防,不至于被卷入冲突之中。因此,不该去的地方就不要去,不该接触的人就不要接触,能远离的危险就应尽量远离,这样就不容易卷入矛盾冲突之中。

其次,被卷入冲突后要学会冷静应对。当冲突避无可避时,一定要冷静处理、冷静应对,尽量将冲突控制到最小,降低冲突的强度,减少冲突带来的损失,保护好自己。例如,当两个人正在大打出手时,自己路过时不小心被卷入其中,其中一人的拳头打在了自己身上,或者被双方互扔的东西砸到。此时,一定要冷静,不能激化矛盾,让两人继续再打,更不可将矛盾冲突的焦点转移到自己身上,亲自上场参加打斗,继而扩大冲突事态。正确的处理方法如下:第一,想办法置身事外,保护自己,远离冲突现场。第二,打电话报警或者根据情形拨打“120”急救电话,让专业的人来处理冲突。

最后,还要学会不被过度卷入冲突。有的时候,看见亲戚朋友身处冲突之中,于情于理应该去帮忙。但是,帮忙归帮忙,切不能让自己被过度卷入冲突中,不能忙没帮到,还让自己也深陷冲突之中。比如,看见有夫妻打架,你可以上去劝架,但不能过度投入,参与打斗,忘记帮忙的初衷。被冲突过度卷入,会使自己深陷冲突之中无法自拔。切记,若被卷入冲突中,要冷静处理,不能冲动。

矫正作业:

1. 简述如何避免冲突。

2. 简述如何做到不主动制造冲突。

3. 简述如何做到不被卷入冲突。

4. 一旦避无可避,被卷入冲突,应该如何处理?

矫正对象将答案填写在《矫正足迹》中;社会人可以思考。

控制和解决冲突

建议课时:8 课时

人逢喜事精神爽,人遇冲突惹麻烦。当人身处冲突之中,心情是烦躁、沮丧、激动的,在这种情绪之下,就容易做出冲动、错误之举。因此,当意识到自己身处冲突之中时,就应保持清醒的头脑,避免矛盾冲突进一步升级。根据前面分析的冲突"可控性",其实发生了冲突也有回旋的余地,不至于深陷其中,控制、解决冲突可以遵循 4 大原则,使用 3 个方法。

一、控制冲突的原则

控制冲突的根本目的,是防止冲突进一步扩大和升级,从而更有效地化解冲突。在控制冲突的过程中,可以遵循 4 个原则,即"大事化小、小事化了"、"不伤情"、"不违理"以及"不犯法”。只有做到“大事化小、小事化了”，才能将冲突的危害降到最低；只有坚持“不伤情”，才能不伤害冲突双方的情感，将冲突带来的隐患降至最低，今后双方才能够继续和睦相处；只有坚持“不违理”，才能不让冲突影响自己的生活；只有坚持“不犯法”，才能避免因冲突而身陷囹圄或性命不保。

（一）大事化小、小事化了

所谓“大事化小”，是指经过妥善处理，把涉及双方切身利益的冲突所造成危害的程度降低，将冲突的负面影响范围缩小。而“小事化了”，是指经过妥善处理，把不涉及双方切身利益的冲突所造成的危害和负面影响消除。

冲突具有可控性，但可控性并不是自然产生的，而需要发挥人的主观能动性才能对冲突进行控制。当冲突发生后，为了防止矛盾冲突进一步加剧，将冲突的危害和损失降低到最小程度，就需要“大事化小，小事化了”，从而控制、解决冲突。前面讲到的杨志和韩信的故事，杨志把小事弄大，韩信却将小事化无，最后二人的结果也就大相径庭。

在现实生活中也不乏这样的事例。比如，一个人在停车时把车歪斜着停，占了两个车位，刚好有位车主因为找不到车位而烦恼不已，他等候在这人车旁，待其开车门之时拉住了他的胳膊，开始抱怨和叫骂，说这人没素质、没有公德心、开个破车还如何如何……这时该怎么办呢？

选择一：可以上去就给车主两耳光，打得他鼻青脸肿，教训他:“你不长眼,敢在太岁头上动土,也不看看我是干什么的……”

选择二:可以反唇相讥:“你开个好点的车了不起啊,在豪车面前还不是个垃圾！你素质高怎么还会骂人？你有公德心怎么不把车停外面？怎么不建个停车场免费让他人停车？”

选择三:可以诚恳地道歉:“不好意思,刚才有点着急,车停得不规范,给您造成了不便,还请多多谅解,我这就把车挪正,请见谅……”

面对多种选择,到底该怎么选呢？善于解决冲突的人,常常会选择“大事化小,小事化了”,选择第三种做法,这种选择和做法无疑是正确的。既冲动又不会解决冲突的人,往往只图一时痛快,做事不计后果,其通常会选择第一种做法,挥拳头打人,开口骂人,事后又追悔莫及。被卷入冲突不会冷静处理,又斤斤计较、睚眦必报的人通常会选择第二种做法,结果把人际关系搞得很僵,不小心就会使冲突升级。这本来是一桩小事,而且还是因为停车人做事不得当,没有停正,不会为他人着想,主动制造的冲突,如果在冲突发生之时,能够遵循“大事化小、小事化了”的处理事情原则,做到说话有分寸,做事得当,就能将这一鸡毛蒜皮的小事引起的冲突化解。然后,做自己应该做的事情,而不是陷入冲突之中。

因此,在面对冲突时,无论其是自己引起的,还是对方引起的,都要遵循“大事化小、小事化了”的处理原则,积极主动与对方沟通协商,这样做的目的在于解决问题。而不能争吵、动手,更不能得理不饶人、纠缠不休,使矛盾升级,加剧冲突。如果冲突给自己造成了一定的经济损失,则要保持冷静的头脑,主动与对方协商,解决经济赔偿问题,不能采取极端方法,如叫亲戚朋友去“讨说法”,把他们也卷入冲突之中,这样做违反了处理冲突“大事化小、小事化了”原则,只会把小事变大,冲突越大造成的损失会越多,事情也会更加复杂,结果更是无法达到自己想要的目的。

(二)不伤情

不伤情原则,是指在控制矛盾冲突的过程中,要考虑情面,不要为了解决一些问题而伤了双方的情面,不顾及对方的情面将可能导致问题得不到解决,甚至更糟。

不伤情的原则体现在解决冲突中,就要求陷入冲突的双方都要做到不把话说死,不把事做绝,就事论事,切勿口不择言、得理不饶人、骂人揭短等。在冲突发生时,如果互不给面子,不顾及情分,让对方感到难堪、没面子,逐渐地双方会撕破脸皮;如果双方都激怒,冲突事态势必扩大,不仅解决不了冲突,还会留下隐患,冲突双方日后都很难和解。结果本来不是什么大事却成了一桩大事,大事变成无法收场的事。这就是不伤情原则的重要之处。

比如,甲乙两个小孩家本是邻居,甲小孩和乙小孩在一起玩闹时发生了肢体碰撞,甲小孩摔倒在地,于是甲小孩回家告诉了其家长。甲小孩的家长不问青红皂白就带着甲小孩到了邻居家,看见乙小孩就动手打,甚至连乙小孩的家长也一起打。乙小孩的家长自然不会善罢甘休,纠集了10多人,冲到甲小孩家,一顿乱打乱砸。所幸没有出人命,结果甲小孩的家长、乙小孩的家长以及乙小孩的家长叫来帮忙的人统统被拘留,最终,乙家赔了甲家医药费和财物损失费,甲家也赔了乙家小孩、大人被打的医药费。两家人都有经济损失,真是得不偿失。所以在处理冲突的时候,要谨记不伤情的处理原则。

在云南富源有这样一起案例。故事的主人公梁某一家将村里上山经常走的一条路堵死,修起了大门,围起了院子。弄得住在山上的人家下山不方便,住在山下的人家上山也不方便,最终与全村人发生了冲突。后经查证资料,这条上山下山的路是属于梁某家祖辈的,他有地契,有房契,之前是为了大家方便,就让大家走,后来盖起房子,自然就围起了院子,建起了大门。从物权归属的角度来讲,梁某的做法也有一定的道理,毕竟这条路是他家祖辈传下来的,理应归梁某所有,他怎么处置都无可厚非。可是,这条路大家走的时间长了,也就形成习惯了,梁某不顾全村人的习惯和感受,直接改变了现状,村里人自然就认为,梁某不给大家面子,硬要把路堵死,那么大家也不给他面子,吵闹的、大骂的、搞破坏的,闹得梁某家受不了。最终发生直接冲突,村里人与梁某家为敌,梁某让村里人上山下山不方便,村里人也经常莫名骚扰梁某家,结果是谁都没有得到好处。僵持一段时间后,村里人和梁某都拿出诚意,冷静地坐下来沟通协商,大家相互理解、不伤及情面,村民一起出钱,梁某让了一些地方,把原来的一条小路修宽,美化,这样一来,梁某的新房子比以前更漂亮,更大气,上山下山的路也通畅了。所以说,在发生冲突的时候,可谓两败俱伤;之后,双方不仅解决了冲突,化解了矛盾,还实现了双赢,真是何乐而不为。

(三)不违理

本处的"理",是指道德、规矩和公序良俗等,"理"虽然看不见摸不着,但却具有巨大的能量,通过"理"可以对个体行为的是与非、善与恶、美与丑进行判断,对好的行为予以褒扬,对不好的行为予以贬斥。常言道:"有理走遍天下,无理寸步难行。"个体行为若违背了理,不仅自己的良心会受到谴责,而且感觉有人戳自己脊梁骨,在指责自己。另外,违理所做的事情也大多是些见不得光、羞于见人的事,这种事情非但不能解决矛盾、冲突,甚至还会加剧矛盾,扩大冲突,起到负面效果。因此,在控制冲突时要坚持不违理原则。

在日常生活中,个体遭遇的冲突很多只停留在"理"的范畴内,远达不到涉法涉诉的层面。不违理,是指在控制矛盾冲突时不能违背当下的道德、不能逾矩、不能违背公序良俗。那么,在控制冲突的过程中,怎样才能做到不违理呢?一般做到不违理原则有 4 个要点:

第一,所采取的方式方法要符合道德、道义的要求。

第二,处理冲突不能采取过分极端的方式方法。

第三,在解决矛盾冲突的时候,不要过分强调自己的利益而漫天要价。

第四,涉及经济赔偿的矛盾冲突时,要积极寻求双方都能接受的平衡点,实在解决不了可以请第三方协调解决。

比如,李某到山里放羊,因自己疏忽大意,致使羊群跑到同村张某家的庄稼地里,把张某地里的庄稼吃了一大片。张某发现后大怒,当场与李某发生了争执。

此时违理的做法是:李某蛮横无理,不反思自己的失误,而是一味地责怪张某没有看好自己的庄稼地;另一边,虽然张某已经产生了实际的损失,但是在沟通的过程中,张某不切实际地提出自己的庄稼金贵,是市场价的10倍价值。双方都不服气,矛盾加剧,冲突升级扩大,李某和张某各自叫了自家亲戚朋友,大家拿上了锄头、镰刀准备械斗,更大的冲突,一旦爆发,后果不堪设想。

此时“不违理”的做法是:李某和张某双方心平气和地讲道理,李某首先主动承担责任,为自己放羊的疏忽大意对张某表示诚挚的歉意,并表示能够给予张某一些经济赔偿。随后,张某接受了李某的道歉,毕竟损失已经成为事实,再生气也不能挽回,于是参考了所种庄稼的市场价值,与李某协商赔偿,最后双方达成一致意见,解决了冲突。

显然,在这个冲突事件中,“理”尤其重要,如果双方都讲理，那么冲突就变得很容易解决。反之，则加剧冲突。再退一步说，如果双方无法协商，也可以参考不违理原则的第四点，请第三方协调解决，为了让冲突双方都信服，第三方可以是村委会或者人民调解员等。

(四)不犯法

不犯法，就是指在控制冲突的过程中不受自己好恶、感情等的左右，不做违反法律制度的事情。“法”即法律制度，它既是红线也是底线，它告诉人们什么事不能做、不能以什么样的方式做等；“法”不但禁恶，抑制损人利己行为、抑制人的非理性，还对人们的行为有判断和衡量的作用。在冲突爆发之时，无论是哪一方都不能做出违法之事，否则，冲突得不到解决和控制，严重时，冲突双方都会为此产生巨大的、不可估量的损失，因此，冲突爆发时要遵守不犯法原则。

就如震惊世人的“北京大兴摔婴案”。2013 年 7 月 23 日 20 时 50 分许，在北京大兴区科技路公交车站，两名驾车男子与一名推着婴儿车的女子因停车问题发生争执。在这个过程中，一名当事男子韩某下车动手殴打该女子，并将婴儿车重重地摔在地上，导致婴儿车内的女童严重受伤，最终不治身亡。法庭最终以故意杀人罪判处当事人韩某死刑，立即执行，剥夺政治权利终身。在该案中，停车问题原本是一个很小的矛盾冲突，但是当事人韩某却采取了冲动极端的方式去解决，没有遵守不犯法原则，结果不但致女童死亡，而且将自己送上了法律的审判台,付出了生命的代价,值得让人深思。无论矛盾大小,无论冲突如何,大家都要谨记,不能突破法律底线,一定要遵守不犯法原则,否则很可能导致冲突双方都承受不了的结果。

人在一生中难免会碰到各种各样的矛盾冲突。无论自己有没有理,无论责任是否在对方,在处理双方之间的矛盾冲突时,必须要遵循不犯法的原则。如果触犯了国家法律,不但不能解决矛盾冲突,而且会受到法律的惩罚,使自己遭受更大的损失和危害。

二、解决冲突的方法

(一)找准原因,弄清责任

冲突不会无缘无故产生,也不会无缘无故消除,任何冲突都产生于一定的时间和空间背景,冲突双方都觉得自己的利益受到了损害,因此,只有找准冲突产生的原因,厘清各自的责任,才能高质量、深层次地从根本上解决冲突。若是没有找准冲突产生的原因,没有厘清双方的责任,草率地解决冲突也只会如“和稀泥”一般,只是低层次、低质量、暂时性地把冲突解决了,还会有再次爆发冲突的可能性。

“彭某撞车案”就是如此。2019 年 1 月 22 日,演员彭某乘坐的迈巴赫由于倒车不慎,撞上了某公司总裁李某的劳斯莱斯。随后,被撞方李某和彭某握手,互递了名片。一时之间,网络上盛传,豪车发生碰撞,和平解决,体现高素质。结果,时隔 5

个月后，事情发生了变化，彭某及其公司被李某告上了法庭，要求赔偿车子被撞的修复费用12.8万元。彭某表示很惊讶，当时李某到现场之后不是说了“没事儿”吗，为什么他在时隔5个月后还会到法院起诉，要求自己赔偿豪车被撞损失的费用。之所以如此，是因为彭某没有在一开始找准冲突的原因，没有厘清事故的责任，表面上以为“完美”地解决了这场冲突，实际上，因为己方是倒车撞到他人的车辆，按照相关交通法规的规定，属于全责；但彭某在处理时责任划分不清，也没有主动按照名片的联系方式联系对方解决问题，而为自己及公司被告上法庭埋下了隐患，不仅浪费了很多精力，还给自己带来了负面影响。

找准原因，弄清责任。如果原因主要在己，要表现出积极主动的态度，表明愿意承担责任。如果原因主要在对方，也不应得理不饶人，漫天要价。

在服刑改造生活中，发生矛盾冲突后也该如此。比如，服刑人员未经允许私自使用他人的物品，于是双方产生矛盾冲突。此时，找准冲突产生的原因，厘清双方的责任，如果是自己私自用了他人的东西，应当主动向对方赔礼道歉；如果是他人私自用了自己的东西，事后主动积极地跟自己道歉，也不要得理不饶人，抓住问题不放，甚至借题发挥，用不文明的言辞刺激和侮辱对方使冲突升级、扩大。因此，在冲突爆发时找准原因，弄清责任是解决冲突的正确方法。

(二)沟通协商

沟通协商，是指冲突双方通过对话的形式，了解对方的诉求,找出双方诉求的差距,并就这些诉求和差距进行磋商,最终达成双方都接受的解决方案。沟通协商可以有效解决冲突,主要可以分为以下几个步骤:

1. 了解对方的诉求。发生冲突必然是双方之间的事情,也涉及了双方的利益,既然要在各自的利益点上找平衡点,就要了解对方的诉求。因此,在沟通协商中,要做到知己知彼,这不是为了要战胜对方,而是在了解对方诉求的基础上,为后续协商解决方案打下基础。知己,就是指要充分知道自己的能力范围,能接受对方什么样的诉求;知彼,就是指要充分了解对方的诉求是什么。

那么,如何了解对方的诉求呢?一是要本着解决冲突的目的,要带着想真正地解决问题、化解矛盾的态度去沟通;二是要开门见山地谈,开诚布公,不藏着掖着;三是要读懂对方的"潜台词",中国人大多比较含蓄,很多人习惯用含蓄隐晦的方式表达自己的诉求,此时,要能够听出对方的"话外之音",要能准确接收有效信息,正确理解对方的意思,识别对方真正的诉求;四是要核实确认,把自己对诉求的理解向对方说明。

2. 明晰双方诉求的差距。诉求在上一步中已经得到了明确,但是在大多数情况下,双方的诉求会有所差距,甚至差距还会很大,在这个时候双方就要将差距予以明晰。也就是说既要知己,又要知彼。

3. 就诉求、诉求的差距进行磋商,以求达成双方都接受的解决方案。有诉求、诉求有差距是正常的，但此时若双方都只为自己着想，互不让步，那将无法达成解决问题的方案，冲突自然也得不到解决，只会是双输的局面。因此，磋商是必要的，从一定意义上来讲，沟通协商并不是你死我活，而是利益的趋同和妥协。磋商是双方都要作出适当让步，不能只顾着自己的利益而咄咄逼人，而是在沟通交流、换位思考的基础上作出必要的让步，达成双方都能接受的解决方案。

（三）寻求第三方协调解决

当身处冲突中时，人的情绪非常容易处于激动状态，在这个时候开展沟通确实十分困难，若一味地“缠着”对方沟通、协商，非要对方给出承诺或结果等，反而使冲突进一步激化，导致不利的后果。另外，这个时候就诉求、诉求的差距进行磋商也未必能达成双方都接受的解决方案。此时，就需要搁置争议，寻求第三方协调解决。例如，同学间有冲突，当自行解决不了时可寻求老师的帮助；同事间有冲突，自行解决不了时可寻求其他同事或领导的帮助；邻里间有冲突，自行解决不了时可寻求村委会、居委会的帮助；罪犯在监狱里服刑时发生冲突，第一时间想到的也应该是警察等。

搁置争议，寻求第三方协调解决，其中的“第三方”是指双方都认可的、与冲突双方的核心利益无直接关系的其他人、组织或机构，常见的如有一定身份地位的自然人，村长、村支书等。这些人说话有分量，如果没有利益关系、亲戚关系，协调起来是相对公平的;也有调解委员会、派出所、法院等部门。

总之,在控制冲突的过程中,当事双方都要坚持"大事化小、小事化了""不伤情""不违理""不犯法"的原则,平等地沟通协调来解决冲突。如果在解决过程中双方的想法不一致,或者情绪激动很难沟通,不妨暂时搁置争议,待双方情绪平静后或者有了更好的解决办法时再来处理;如果双方各执一词,实在无法解决时就需要寻求第三方的力量,选择合适的第三方,让第三方站在中立的立场上协调解决。

矫正作业:

1. 简述控制冲突可以遵循哪些原则。

2. 简述解决冲突的方法有哪些。

矫正对象将答案填写在《矫正足迹》中;社会人可以思考。

事后分析

建议课时:2 课时

冲突在人的生活中无处不在,要避免冲突的发生;在避无可避之时,就应该想办法解决冲突。那么,当冲突已经得到有效解决或者化解时,为什么还要进行事后分析?又应该如何进行事后分析呢?

一、为什么要事后分析

事后分析,是指在矛盾冲突解决以后,认真对冲突的起因、发展及控制解决的方法、措施和结果等进行全面的研究，对于整个冲突过程中控制冲突方面存在的不足进行查找分析，并总结经验教训，以期对下一次可能发生的冲突采取一定的措施进行避免，或者有效控制，更好地解决冲突。

古语曰："吃一堑，长一智。"面对已经发生过的冲突，如果没有进行反思、分析和总结，不知道冲突到底是由什么引起，自己选择解决冲突的方式是否得当，为什么会产生这样的结果，那么以后再遇到类似的问题，发生了相似的矛盾冲突，还是不知道如何去应对、解决，甚至深陷冲突之中，再一次吃亏。因此，若能对引起冲突的原因和自我应对冲突的方式进行反思、反省，总结自我在冲突中的做法，从中吸取经验教训，就不会被同一块石头绊倒两次。

人其实生活在各种各样的矛盾和大大小小的冲突之中，聪明的人能在不断的矛盾冲突解决中成长，而愚笨的人总是深深陷入冲突和矛盾不能自拔，既浪费了自己的时间、精力，又使自己事事不顺，身心疲惫。分析总结过去是为了更好地面对未来，对矛盾冲突进行事后分析，从中吸取经验教训，不仅能够提升自己面对冲突和解决冲突的能力，还能为自己今后面对和解决新的矛盾冲突提供借鉴和参考，更重要的是能够让自己不再重蹈覆辙，得到更多的时间和精力去做一些更有意义的事情，使自己生活得更加轻松。

二、如何进行事后分析

事后分析对每个人都具有极其重要的现实意义,但是不是每个人都会正确地进行事后分析,那么,该如何对已解决的矛盾冲突进行事后分析呢?

首先,要分析引发矛盾冲突的原因,要从根源上寻找问题。自己对矛盾冲突的发生是否存在过错?是不是没有考虑对方的利益、观念和文化?是不是说话、办事不当?是不是引起了不必要的嫌疑?其次,要分析发生冲突的过程中存在的不足。例如,管控冲突的方式方法是否得当?有没有遵循控制冲突的4个原则?再次,要分析矛盾冲突解决的效果。是否找准根源成功化解了双方的矛盾冲突?是否还存在哪些隐患?如何消除这些隐患?对于存在的不足能否弥补?如何弥补?最后,要分析哪些经验教训值得吸取,从而避免再犯同样的错误。

例如,小孩逃学,父母在教育他时与其发生冲突,小孩一气之下离家出走。面对这个没有处理好的矛盾冲突,如何进行事后分析呢?

首先,我们可以试着分析小孩逃学的原因。是否因为学习压力太大?还是因为家里对小孩管教得太严,让他没有自由的空间,从而使他以逃学这种方式来放松自己?又或者是小孩正处在叛逆期,自我意识增强后想表现出自己的独立意识,产生了大人叫我上学,自己偏要逃学的思想?又或者最近小孩是否遇到了什么不顺心的事情,考试没考好,被同学欺负,被老师责骂等?其次,要分析自己在教育小孩的过程中是不是方式不当?管控冲突过程中存在什么不足?有没有心平气和地与小孩沟通?沟通过程中有没有倾听小孩的想法?是不是由于自己情绪失控,导致了矛盾冲突进一步激化?还要分析不当方式解决矛盾冲突带来了哪些危害?最后,要分析有哪些经验教训值得吸取,并且在下一次遇到类似情况的时候能够不犯同样的错误。

显然,这是对一个没有控制好的冲突进行事后分析。那么对控制好的冲突也可以进行事后分析。例如,新入监罪犯王某在入监集训期间认为罪犯小组长邢某针对自己,并扬言要殴打邢某"报仇",与邢某发生矛盾,邢某得知后并未正面与王某发生冲突,最终双方握手言和。

对上述案例进行事后分析并得出经验。第一,是王某主动制造的冲突,邢某是被动卷入的。虽然邢某被卷入冲突,但是并未冲动回应王某,而是冷静处理,想办法与其沟通。第二,邢某通过沟通,了解到与王某发生矛盾的原因,是王某在入监集训时因为动作不规范被多次当场纠正,警官指定的示范人正是邢某,而邢某又是小组长,王某就单方面地认为邢某爱出风头,为了出风头而针对自己。第三,当邢某向王某解释自己并未针对其个人,王某仍然不服气,坚持要把事情闹大,要教训邢某时,邢某及时将事情报告警官,由值班警官作为第三方进行协调。在第三方的协调下,王某认识到整个事件的前因后果与邢某无关,发自内心地对邢某道歉,双方最终握手言和,冲突被彻底化解。以上这些都是事后分析的结果,无论已经成功解决的冲突,还是由于各种原因没有解决的冲突,通过事后分析都能总结出很多成功的经验或是失败的教训,学会借鉴这些经验及教训能帮助人们远离冲突,当冲突避无可避时会正确处理冲突。

矫正作业:

简述如何对冲突进行事后分析。

矫正对象将答案填写在《矫正足迹》上;社会人可以思考。

第二章 戾气管理

矫正目标:究竟何为戾气？戾气从何而来？有何特点？戾气存在人的身上又有什么危害？本章将“戾气”具象化,逐一对上述问题进行答疑,并对戾气进行深入的分析,解析戾气,教服刑人员正确对待、控制和管理戾气的方法

建议课时:28 课时

第一节 认识戾气

矫正目标:讲解戾气的基本概念,引入具体事例和案例,将戾气形象化,同时,呈现戾气会带来或产生的后果,使矫正对象(学习者)了解什么是戾气,戾气从何而来,知道戾气重的人有哪些特点,对戾气有初步的了解和认识。

建议课时:8 课时

戾气的概念

建议课时:2 课时

戾气,是中医学的一个概念,又名疠气、疫疠之气,是指具

有强烈传染性的病邪，是瘟疫病和某些外感病的病因。现在，人们将其含义延伸至社会心理学和犯罪社会学中，专指一种残忍、邪恶，偏向走极端的行为、心理及风气，这种遇事爱斗狠、斗勇、做事极端的心理或风气，常以多种暴力形式表现出来，如常见的语言暴力和行为暴力。另外，还有时下“键盘侠”“人肉搜索”等以网络暴力为主的其他暴力，都是戾气重的表现形式。

戾气的释放没有明确的指向性，或是对物，或是对人，有时是语言暴力，有时是行为暴力。戾气犹如干柴，稍遇火星，立即就着。戾气重的人表现为：有时候，莫名其妙地心里不爽，看垃圾桶不顺眼就踹一脚；工作不顺利的时候，逢人就发牢骚，抱怨这同事不好和那领导太坏；家庭生活不如意就乱砸东西，对家人横加指责，甚至拳脚相向。因此，也可以说戾气是颓废之气、灰暗之气、污浊之气。戾气让人变得又浮躁，又迷乱，盯着他人，忘了自己。最终，却总是自己左脚踩了右脚。

充斥着戾气的人，少了平和，多了扭曲。人一旦被戾气侵心，就会怨气郁积，流毒四散。再有气质的人，只要戾气缠身，也会显得委顿卑琐，所有的华美都会塌陷。戾气较重的人一般不喜欢笑，面目很严肃，眉头紧锁，有的身上还会有一种莫名的杀气，让人不愿意靠近，而且很难沟通。这类人有问题不会也不愿意主动与人沟通协商，而是我行我素，一意孤行，即使他人主动与其沟通也很难说服他。戾气较重的人还敏感易怒易冲动，一点点小问题都可能演化为报复社会的犯罪行为。结果大都是害人害己，甚至牵连无辜的人，造成严重的后果。

矫正作业：

1. 简述戾气的概念。

2. 思考自己是不是一个戾气较重的人。

矫正对象将答案填写在《矫正足迹》上；社会人可以思考。

戾气的来源

建议课时：4课时

戾气会给个体造成不良影响，也可能给人们的安全和社会的治安带来威胁，那么，戾气从何而来呢？其实，戾气的成因是多方面的，本条主要从缺乏教养、漠视规则、嫉妒、挫折等几个方面来阐述戾气的来源。

一、缺乏教养

苏联著名教育家苏霍姆林斯基曾说："在人类心灵的花园中，最质朴、最美丽和最平凡的花朵就是人的教养。"所谓教养，是个体长期受到来自家庭、学校、社会的教育和影响而形成的个人文化品德的修养，它一般表现为个体的言行举止合乎礼节、尊重他人等。例如，去餐馆用餐时，观察一个人对待餐馆服务员是怎样的态度，就能看出其是否具备起码的教养。

当然，更多的教养应该是发自内心的一种行为，一个内心柔软、待人善良的人，你会觉得他们眼神中有暖意、笑容中有诚意，与他们在一起会让人觉得生活真美好，能感受到快乐和幸福。一个有良好教养的人，一定有自己做人做事的准则，他们会严格要求自己遵守这些准则，不会做出格或是不靠谱的事情，教养是个体做人做事和成人成事的基础。不是所有受过教育的人都有教养，教养是由内而外的，在人生修行中积淀出的德行，经过长久的积累就会沉淀出真正的教养。反之，无教无德，长期缺乏教养就会导致戾气的滋生。

《三字经》有言："人之初，性本善。性相近，习相远。苟不教，性乃迁。教之道，贵以专。"其含义就是说人在出生之初，禀性本身都是善良的，天性也都相差不多，只是后天所处的环境不同和所受教育不同，经过长期行为养成之后，彼此的习性就会有巨大的差异。一个人若从小就没有受到较好的教育，或只注重教而忽视养成，其善良的本性就会变坏。家庭是孩子的第一所学校，每个人的行为习惯形成和性格养成都受到家庭教育的影响，家庭是孩子社会化的开始。有的孩子被称为"熊孩子"，这些"熊孩子"就是从小被惯出了一些坏毛病，一点一滴积攒起来，最后变成了"熊孩子"。比如，孩子在小的时候，喜欢某样东西就逼着父母买，如果父母不买就以哭闹要挟父母，要挟不成就升级成撒泼打滚之类的行为，而最终每次都能成功。久而久之，这孩子就养成了任何事情都要按其意愿来，否则就不罢休的乖戾、张扬的脾气，于是本来一个好孩子就变成了"熊孩子”，其性格脾气也从好到坏，形成了一个人戾气的初级阶段。“敌退我进”“水涨船高”，家长的放任和纵容使孩子越来越放肆，所做之事越来越出格，耍横、霸道、干坏事已然成了他的习惯，其所做坏事日益严重，性质日趋恶劣，从量变到质变，恶习变为恶行，戾气就会在他们身上生根发芽。

从小缺乏教养的人，长大后也“唯我独尊”。这些人只在意自己的利益和感受，漠视他人的存在，他们在做出违规之事后，会给身边的人添麻烦、制造不快，但是他们不但意识不到这些问题，还会恶意攻击善意提醒他的人。

缺乏教养的人做出的恶行会给他人造成不良后果，有的人宽宏大量没有过多的计较，这样，客观上又助长了这些人往后再次任性妄为；有的人看不惯忍不住，就会指出这些人的不当之处，指责他们影响了他人，道出了他们这样的恶劣行为是自私自利的以及可能造成的后果，这时戾气重的人就按捺不住，抬高嗓门与对方争论，向对方强调自己这些影响他人的恶行是多么迫不得已，或者用一种我行我素的态度反击，表示“我就这样了，你能拿我怎么办？”戾气严重的时候，甚至会对指出自己不妥行为的人大打出手，声称要教训对方，惹出诸多事端。这些缺乏教养且身染戾气的人，常自觉或不自觉地把自己裹挟在那些不愉快的情绪之中，天长日久，心中不满之气把自己弄得怨气冲天，看到任何事、任何人都觉得不爽、不舒服，戾气很容易就能在这些缺乏教养的人身上“开枝散叶”。

教养,是做人做事之本,有教养的人未必能成为生活中出类拔萃的佼佼者,但是没有教养的人必定在生活中成为弱者。社会的发展需要德才兼备的人,因此,个体在提高知识水平的同时要提高教养;既要有才,也要有教养和品德。否则,即便是才高八斗,也会身染戾气,让人敬而远之,逐渐被社会孤立。

二、漠视规则

规则,是指由权威部门颁布或在社会发展过程中逐步形成的人们日常行为的准则、标准、规定等。社会在发展过程中形成了很多规则,这些规则有的已经形成文字固化了下来,有的只是在口口相传的不成文层次,但都属于规则的范围之内。

规则的存在是为了规范人们的行为,维护社会秩序,人们只有敬畏、遵守规则,规则才能发挥出应有的效力,才能更好地维护社会秩序,使整个社会和谐共处,工人务工,农民务农,商人做生意,一切都井井有条。如果没有规则的约束,每个人都只考虑自身利益,从自己的利益角度出发,对他人不管不顾,那么,人与人之间的冲突和矛盾就将频频爆发,到处都是你抢我夺,整个社会秩序就会变得混乱不堪,人人都戾气横生。因此,每一个属于社会的个体都必须遵守规则,国法要遵守,社会规则亦要遵守。谁若触犯了国家的法律法规,必将受到法律的惩罚和制裁;谁若违反了社会生活中的社会规则,必将受到人们的指责；罪犯若违反监规纪律，也会受到集训等处罚。

长期漠视、违反规则，随意破坏规则的人久而久之就容易滋生戾气，他们认为没有什么能管住自己，什么规则、什么法律也都管不了自己，自己说什么就是什么，地球也要围绕着自己转。这些人在任何场地、任何时间都只会顾着自己方便，根本不会顾及其他人，甚至是以牺牲他人来方便自己。比如，有的人骑车、开车随意闯红灯，慢车不靠右行驶，任意行驶在道路正中间，甚至逆行，远光灯开着就不关，只顾自己方便，漠视交通规则；有的人坐车不买票还强行霸座，有的虽然买了票，但不按照座位号就座，导致其他人无位可坐，漠视乘车规则；有的人打出租车到小区门口，如司机不愿意驱车进入小区，就对司机破口大骂，甚至动手威胁；有的人在乘坐公交车时，在没有公交站点的地方要求司机停车，漠视公交车乘坐规则，司机不停车就抢夺方向盘，甚至辱骂、殴打司机等。种种漠视、不遵守规则的现象，都反映出这些人飞扬跋扈的行事方式和唯我独尊的丑陋嘴脸，他们只考虑自己的利益得失，却置他人的安全和利益于不顾，这些都是戾气的表现形式，长期漠视、违反规则助长戾气。

三、因妒生戾

嫉妒，是指当他人胜过自己或在某方面比自己优秀时，产生抵触心理的消极情绪体验，是心理失衡的一种。嫉妒心能滋生戾气，让人变得心狠手辣，作出一些歹毒的事情。历史上就有过庞涓因嫉妒心作祟，导致戾气横生，挖去同门师兄孙膑膝盖骨的惨剧。

如果人不能理性面对嫉妒心，就很有可能被“嫉妒”奴役。因为嫉妒而导致内心失衡，陷入心理失衡的旋涡，潜藏于内心的各种消极情绪就会如野火蔓延，郁结于心，逐渐演变为戾气，继而做出疯狂打击嫉妒对象或者自暴自弃将负能量发泄给旁人的事。

嫉妒心强烈的人容易自卑，会觉得自己处处不如他人，内心极度失落，从而滋生戾气。他们往往在工作中牢骚满腹，与同事的人际关系也比较紧张，总感觉他人优秀、做事高效、领导重用，而自己笨拙，工作完不成，领导也不重用；总是觉得生活缺乏幸福感，他人家的孩子都聪明伶俐，而自己家的孩子傻里傻气，弄得一家人都没有好心情。嫉妒心过盛导致戾气爆满，上班时心里一团糟，下班回家更是一团糟，就连往返两地之间时心里也是一团糟，这也糟糕那也糟糕，到处都糟糕，最后使自己怨气冲天，戾气缠身，恶性循环。

河南新乡一名5岁男孩小涵（化名）在离家不远的胡同口离奇失踪。经警方全力侦查，18天后小涵的尸体被找到，犯罪嫌疑人是小涵的邻居——52岁的李某。李某为何如此残忍地杀害小涵，将尸体掩埋在窨井里，原因竟是李某的孙子患有脑瘫，伴有肌肉萎缩症状，一边看着自己的孙子疾病缠身，另一边看着小涵健康机灵，聪明活泼，嫉妒在李某心里深深地埋下了种子，使其心生恨意，滋生戾气，就对小涵痛下杀手。真是残忍到无法想象，嫉妒竟然让一个自己也有孙子的人，丧心病狂地对一个5岁的孩子下毒手，实在令人发指！李某最终因故意杀人罪，被判处死刑立即执行，这就是嫉妒生戾气，戾气又让人做出异常残忍事情的典型案例。

四、因挫生戾

这里所说的"挫"就是挫折，挫折，是指人们在有目的的活动中，遇到难以克服的障碍和干扰，目标无法达成，需要无法满足时产生的一种消极情绪体验。有时挫折会使个体的成就感、安全感荡然无存，当挫折感顿生的时候，悲观、忧郁、万念俱灰等心理都会接踵而至，继而会使人产生盲动、泄愤、不理智等极端行为，戾气则伴随这些消极情绪出现在人的身上。例如，有的人与恋人分手就因挫生戾，认为自己的感情不顺，受到极大的挫折，继而对昔日的恋人狠下毒手，泼硫酸使其毁容、散发对方的不雅照片毁其名声等无所不用其极，极端错误地认为自己得不到的就要让其毁灭；有的人失业找不到工作，生活艰难，心里不痛快，因挫生戾，受不了生活中的小挫折，就极端错误地认为自己不好过，也不能让他人好过，于是对无辜的人痛下杀手，还有的人仅仅是因为做事情没有做好，或者他人不听从他的意见，就心里窝火，被戾气冲昏头脑，做出出格的事情，更有甚者开车到街上横冲直撞,伤害无辜的人。

人生不如意之事十有八九,谁都不可能一帆风顺,人生经历挫折是必然的。比如,商人做生意会遇上失败,赔本折钱,甚至倾家荡产;农民种地会遭遇天灾,导致大幅度减产,甚至颗粒无收;运动员比赛、学生考试会因为发挥失常而没有取得应有的好成绩。每个人都可能会遇到挫折,挫折与不顺是客观存在的,但并不是每个遇到挫折的人都要寻死觅活,戾气暴涨。当遇到挫折时,大部分人都能调节和控制好自己的情绪,抑制心中的戾气,不让其爆发出来;少数人控制不好戾气这些负面心理,因而心理郁闷、破罐破摔,形成戾气进而采用报复等方式发泄。例如,体操运动员张某因训练受伤,不得已提前退役。他认为自己经历了巨大的挫折,没有设法营生而是怨天尤人,多次实施盗窃,一时间成为另类"网红",被判入狱。同样地,服刑人员在报请减刑后,并不是每次都很顺利,当法院的减刑裁定到达自己手中时,有的可能是不予减刑,有的可能是减刑幅度没有达到自己的预期,这也是一种挫折,此时,如果因挫生戾,变得暴躁,看谁都不顺眼,那么很容易引发冲突,甚至动手;而与同改或警官发生冲突,对自己的服刑改造生活都是极其不利的。

犯罪心理学研究表明,那些受到挫折、精神压抑的人,挫折越多,压抑越久,越容易做出违法犯罪行为,而且挫折感越强,心理越扭曲,所做出的犯罪行为的性质越恶劣。一个人遭遇挫折，一般情况下会减少人际交往，把自己孤立起来，而交流的缺失和人际关系的疏离更容易让个体心理上的压抑感加剧，其误认为自己是被环境孤立的、被亲朋抛弃的。随着时间的发酵，他们对周围人群乃至整个社会产生反感和厌恶，积累到一定程度后，就会变成憎恶，进而演变成仇视。这些负能量就是戾气，它们会越积越深，最终个体无法承受时，随时可能因为发泄负面情绪而走上犯罪之路。

在现实生活中，许多极端和暴力的行为，究其根源，都是一些小冲突、小矛盾经过长时间的沉积和发酵转化为戾气，最终爆发而导致的。弥漫的戾气源于遭受挫折或连续的打击后心里生出的恶念，这种怨恨在心中长期郁结，得不到化解，进而让人产生了较强的攻击欲望，成了威胁安定社会的“不定时炸弹”，最终害人害己。

矫正作业：

1. 简述戾气的来源。
2. 剖析自己戾气的来源。

矫正对象将答案填写在《矫正足迹》上；社会人可以思考。

戾气的特点

建议课时：2 课时

在现实生活中，哪些人有戾气，哪些人戾气重，这是很容易就能感受到的。一般来说,戾气重的人,看起来凶神恶煞,总是深锁眉头,动不动就大吼大叫,对人说话语气不善,做事不顾他人,我行我素,不达到自己的目的就先用语言咒骂,进而动手施暴。这些人有着极端的心理和行为,总喜欢用残暴的方式,对抗一切不如意。那么,戾气重的人都有哪些特点呢?下面从敏感易怒、难以沟通、做事不计后果 3 个方面逐一分析戾气的特点。

一、敏感易怒

戾气重的人一般表现为非常敏感,而且易怒,总觉得命运对自己不公,他人对自己不善,社会亏欠自己,在生活工作中与他人稍有意见分歧,就不开心,动辄扯嗓子、拍桌子、摆脸色,要么就用极端的方式发泄自己的不满,让他人觉得自己是个不好惹的"强势人物"。

戾气重的人十分敏感。一个无意的眼神或一句不经意的话语,在他们看来都可能是一种歧视、侮辱或者挑衅,就能将他们的"玻璃心"击碎,在他们心底掀起惊涛骇浪,让他们大发雷霆。有时候,他人只是无意间看了他们一眼,就被他们理解为挑衅,就要马上回击;同事在一起说悄悄话,就被他们认为是在说自己的坏话,准备问个明白以后大打出手等。

戾气重的人还易怒。他们的情绪波动比较大,即使是一件很小的、无关紧要的事情也可能让他们愤怒到顶点,往往通过激烈的言辞、过激的手段，以及威胁恐吓等方式来发泄不满，甚至采取暴力等极端方式来处理问题。例如，有的人如果电脑运行缓慢或暂时上不了网，就摔鼠标、砸键盘；回到家，饭还没有上桌，就摔碗砸筷、数落人；排队的时候要么插队，要么骂骂咧咧个不停；因不起眼的小事和日常摩擦，就大打出手等。

二、难以沟通

沟通，是指人与人之间的信息交流过程。换句话说，就是人与人之间通过言语、书信、表情、通信等方式进行信息、思想、意见、情感等方面的交流，以达到对事情的共同理解和认识。沟通可以让人们取得彼此的了解和信任，实现对行为的调节，进而形成良好的人际关系。个体之间如果有矛盾和分歧，也可以通过沟通，表达各自内心的想法和诉求，有效的沟通能消除误会，最终化解矛盾和分歧。

戾气重的人遇到问题时不会主动与对方进行沟通。他们只会表达内心的愤怒、不平、牢骚等负面情绪，即便勉强沟通，也是歇斯底里地向他人抱怨、咒骂，一味地要他人迁就、服从自己的意见，他们不肯迈开双腿，走出自己封闭的世界，向当事人或其他人反映自己的诉求；更不会伸出双手，降低姿态，与对方协商提出初步的解决方案。

戾气重的人，即便他人主动与其沟通，也没有沟通时应该有的态度。他人主动登门拜访，意图解决问题，他们却叉着腰、瞪着眼,闭门不让人进;好不容易让人进门了,又茶水欠奉、语调欠睦,或阴阳怪气或言不及义;话语间,权衡的都是自己的利与弊,计较的全是自己的得与失,完全不考虑他人,若自己的利益要不着、得不到就不高兴、发脾气,若对自己不利、让自己有所失那更是绝对不行;两三个回合下来,嗓门大了、音调高了,就开始拼命指责对方,红着脸拍桌子、打板凳,让所有的沟通化为无效。因此,戾气重的人做事只考虑自己,不顾他人,加之敏感易怒,很难和人沟通。

三、做事不计后果

一般来说,戾气重的人还有一个特点,那就是做事不计后果,不顾公序良俗,不管法律制度,不在乎他人的感受,不考虑时间节点,不论事情做了以后能否成功、会带来什么样的后果,他们不是头脑指挥身体,而是戾气指挥身体,通常做出来的事情既极端又让人无法理解。主要表现为以下 3 个方面:

戾气重的人做事不计后果表现之一:心理阴暗、狠毒,在极端情绪的支配下,会做出出格的泄愤行为。如邻居的牲畜吃了自己家的庄稼,就琢磨着要毒死邻居家的牲畜;觉得伴侣不爱自己,常看着自己不顺眼,还敢打骂自己,就想着趁其熟睡一斧头砍死他(她)等。例如,某市一幢居民楼紧邻着该市小学,由于学生上课下课都有打铃声,而且还有课间广播操,住在居民楼上的王某就不高兴了,认为这些声音打扰自己休息。戾气极重的王某在小学生们课间操的时候,从自己家窗户往学校操场扔了几个土陶制的碗碟。碗碟从天而降,砸向学校操场,把师生们吓得不轻,所幸的是,没有砸到人。直到派出所民警找到王某家,王某仍然不知悔改,说道:“东西就是我砸的,砸死人不就是赔钱吗?砸死一个赔一个,我有的是钱,我赔得起!”最终王某为自己的行为付出了被拘留15日的代价。这就是戾气重、做事不计后果的具体表现形式;如果那些碗碟致人伤亡,王某甚至可能锒铛入狱或者被判死刑。可见,戾气重真是害人害己。

戾气重的人做事不计后果表现之二:报复的对象还可能是与此事件无关的无辜者。例如,张三对自己不敬,但苦于对方身强力壮,自己打不过他,那就报复张三年迈的老母亲和他未成年的孩子。女友闹分手,妻子闹离婚,苦劝无用,就意图杀害女友或妻子的全家。戾气会让人加深怨恨,扩大报复对象范围,牵连无辜者。例如,幼儿园保安李某因工作不认真,被园长辞退,怀恨在心,于是便到幼儿园砍杀无辜的孩子;王某因生意亏本,产生了强烈的挫败感,于是带汽油到公交车上,并趁机纵火,结果导致无辜乘车者10余人伤亡。

戾气重的人做事不计后果表现之三:动手原因莫名其妙,气量偏狭,小题大做,不可理喻,无法控制自己。走路时不小心被撞了一下、被头发甩了一下、被多看了两眼,戾气重的人一下子就会火冒三丈,轻则骂骂咧咧,重则大打出手,甚至伤害他人性命。例如,戾气重的老年人坐公交车,年轻的孕妇不让座,竟然用拐棍把孕妇戳流产;同一桌吃饭,酒过三巡,菜过五味,戾气重的人可以仅仅因为一个话题争论不下,就抡起瓶子、菜盘砸人,甚至把人打伤打死。在正常人看来,这些不计后果的行为真是无法理解,也无法形容。

矫正作业:

1. 简述戾气重的人有哪些特点。

2. 结合自己或身边戾气重的某人进行分析,自己或他人已经具备了哪些戾气重的特点。

矫正对象将答案填写在《矫正足迹》上;社会人可以思考。

第二节　戾气的危害

矫正目标:戾气的来源是多层次的,也体现在现实生活中的多方面多渠道,充满戾气的人就像一个火药桶,只要遇到一点火星就会发生爆炸。一旦爆炸不仅害人而且害己,因此,戾气的危害也是多方面的,不仅会危害自身,还会影响他人,甚至还会危害公共安全,造成严重后果。通过本节的讲解,使矫正对象(学习者)明白戾气的危害,了解戾气危害的体现。

建议课时:4 课时

戾气对自身的危害

建议课时:2 课时

戾气在爆发之时,不仅会给他人造成伤害,也给自己造成伤害、制造麻烦。事实上,戾气在爆发之前就已在悄无声息地伤害着“宿主”,给身带戾气之人自身带来不少伤害,具体体现在以下几方面。

一、引发疾病

我国古代医学典籍《黄帝内经》中有“怒伤肝、喜伤心、忧伤肺、思伤脾、恐伤肾”的说法,现代医学研究也证实了这种说法。戾气重的人经常,并且长期处于暴怒或即将发怒的状态,于是其身体比一般人更容易患一些疾病。大怒会直接损害肝实质,损坏肝储藏血液和调节血量的功能,大怒时人的全身肌肉紧张,心跳可增加到每分钟 200 次以上,某些心血管病患者会因此诱发心肌梗死;由于经常愤愤不平、怒气难消,血压固定在了较高水平,大怒时血管收缩,舒张压明显上升,收缩压也可从正常的 16 千帕猛升到 31 千帕以上,极易引发心脑血管破裂,在现实生活中,不乏因吵架而情绪激动导致猝死的案例;大怒时肾上腺还会向血管释放额外激素,它和自主神经协同,造成人的呼吸加深加快、口干舌燥,甚至全身不自主地颤抖;大怒还会导致胃黏膜充血,胃酸分泌过多,胃蠕动减弱,食欲减退,削弱消化功能，引起激素分泌紊乱，造成内分泌系统功能失调等。因此，戾气缠身的人更容易引发疾病。换句话说，戾气时刻伤害着人的身体，侵蚀人的身体健康。

二、影响交际

人与人在交往过程中，平等、和睦地相处能使双方都体验到愉悦，如此相处就会使交往更加融洽、和谐。但戾气重的人敏感易怒，缺乏亲和力，做事往往不计后果，易把他人当作“出气筒”，让他人觉得其身上有杀气，甚至眼神中都透露着恐怖。这样的人易被他人贴上“脾气差”“难沟通”“不好相处”的标签，他人不愿意与之过多来往，更不愿意接近他们，甚至都躲得远远的，因为知道如在他身边很可能哪天就会祸从天降，无辜被牵连。这样的人逐渐会被大家远离，最终只能落得个“孤家寡人”的下场。戾气重的人想找朋友聊天吃饭，摆好酒席都没人愿意来；想跟他人合伙做生意，自己出资多分红少，也没人愿意合作，直接导致自己的交际圈越来越窄。因此，戾气严重影响人的交际。

另外，古语有云“久入鲍鱼之肆，不闻其臭”，和戾气重的人在一起时间长了，自己也可能会受其影响，逐步成为戾气重的人。因此，大家都会及时止损，一旦发现或感觉到戾气重的人，就会趁早远离他。正所谓“恶其余胥”，意思就是当人们讨厌一个人，就会连他身边的人，以及其所住地方的墙壁都厌恶。例如,在一个村子里,一个人如果戾气太重,说话做事横行霸道,唯我独尊,那么整个村的人不仅不愿意和这个人来往,甚至连经常和其来往的人都受到村民的排斥。张某因戾气重,颐指气使,动辄打骂他人,在村里说一不二,是村里出了名的一霸,村子里的人大多不愿与之来往,导致他的儿子早就到了适婚年龄,也迟迟娶不到媳妇儿。有的村民是畏于张某的霸道、难沟通、坏脾气等;有的村民是觉得张某儿子在那样的环境中长大,也可能戾气也重,不是好人;有的村民是觉得即便张某儿子再优秀,也不想和他家结这门亲事,认为不能跟戾气之家成为一家人。且不说张某儿子是否真的也是随父亲一样戾气重,仅因为张某自己的戾气就让人避而远之,不仅直接影响自己,还间接影响了儿子的正常交际。

三、降低幸福指数

幸福指数,是衡量人们对自身生存、发展状况感受和体验的指数,幸福的内涵很丰富,包含身心健康、家庭美满、人际关系和谐、工作顺利等诸多方面。戾气重的人有太多的气、恼、怨,不仅伤害自己身心健康,而且使人避而远之,如此一来,更加气、恼、怨,加重自身戾气,形成恶性循环,导致自己幸福指数不高。

戾气重的人因为敏感暴躁,所以经常无端生事,小题大做,易与周遭的人产生纠纷,邻里关系也处理得较差;戾气重的人难以克制自己的行为,经常惹是生非,大错三六九,小错天天有,今天居委会来了解纠纷的缘由,明天被派出所喊去谈话协商赔偿事宜。久而久之,无人愿意与之来往,更别提结交到心有灵犀的知心朋友,于是乎,他们变得孤孤单单,形单影只,不但无法与人分享自己的快乐,无法分享他人的快乐,自己的忧愁和烦心事也很少有朋友帮忙分担,这样就很难体会到人生的美好,夜深人静、孤枕难眠时不免产生丝丝的凄凉感。

戾气缠身的人还会蔑视法律法规和规章制度,做出一些违法乱纪之事。违法乱纪要承担后果、接受惩罚,那么,谁来接受惩罚呢?有什么样的惩罚结果呢?承担后果、接受惩罚的肯定只会是戾气缠身的自己;至于处理结果,要么是赔礼道歉,要么是牢狱之灾,失去自由,等等。如若冒犯、辱骂了他人,就得向对方承认错误、赔礼道歉;如若毁坏了他人的财物,就得进行相应的赔偿;如若伤害了他人的身心,就得承担医疗费、精神损失费、误工费等诸多费用,严重伤害他人身心的,还要承担刑事责任。这些都不是好事,今日花钱消灾,明日磕头作揖;今天要亲人厚着脸皮帮你去“摆平”事情,明天要把家里辛辛苦苦存起来的积蓄赔给他人,求得被害者的谅解。因为违法犯罪还惶惶不可终日,担心打伤打死人会坐牢,甚至被判处死刑,这样的人幸福指数已经不能再低,谈何幸福!

矫正作业:

1. 思考自己身上是否有戾气。

2. 思考戾气对自己造成了哪些伤害。

矫正对象将答案填写在《矫正足迹》上;社会人可以思考。

戾气对他人的危害

建议课时:2 课时

一个人的戾气不断蔓延,在对自身造成伤害的同时,往往还会影响周围的人,使他人遭受戾气的侵害,或名誉受损,或损失钱财,或失去生命等。若受牵连的对象不特定,则有可能威胁公共安全。

一、祸及他人

戾气重的人,时刻都有一种“狠、毒、辣”之感充斥在其身边,一不小心就会牵连周围的人。“城门失火,殃及池鱼”,如果一个人戾气太重,那周围的人可能也要跟着遭殃。一个家庭中如果有一个戾气重的人,一旦戾气弥漫,语言家暴、行动家暴,就会祸及整个家庭,使家庭关系紧张,家里终日不得太平;一个单位如果有一个或几个戾气重的人,一旦戾气盛行,就会祸及整个单位,没有一个良好的工作环境,最终单位必然走向衰落;一个小区里如果住着几个戾气重的人,经常在小区大吵大闹,甚至打架斗殴,那这个小区里的其他住户的生活也是不得安宁。

俗话说“一颗老鼠屎搅坏一锅汤”,在一个环境中,如果有一个或几个人戾气太重,时刻传递一种负能量,那么这个环境注定是消极的,整天被抱怨和牢骚围绕着。看待问题只看到消极的一面,也会影响周围人的主观判断,让人在处理问题时容易极端化和情绪化。戾气如病毒一般会传染,让人们彼此伤害,导致矛盾恶化,冲突升级。在现实生活中,如果一个人浑身上下充满戾气,周围的人在无奈承受他戾气的同时,也很难对他和颜悦色,甚至冷落、避开、回击戾气之人。就这样,你骂我一句,我打你一拳,你打我一拳,我踹你一脚,原本只是一个人充满戾气,却可能引发一群人都戾气暴涨,造成冲突不断升级,仇恨越积越深,让人与人的关系变得剑拔弩张。因此,戾气害人害己,不仅让自己不好过,也会祸及他人。

二、危害公共安全

公共安全,是指社会大众的安全,其范围极为广泛,凡与大众在生活空间中所发生的相关事物,都可以包括在内。

戾气过重的人,有时会通过报复他人、报复社会的极端手段来发泄个人的私愤,他们在发泄私愤的过程中,会伤及不特定的个体,会不分对象地进行攻击,若制止不及时,被侵害的无辜人员可能会是几十人甚至是更多的人,这种“歇斯底里”的行为严重危害公共安全。从近年来发生的个人极端恶性案件来看,有直接报复杀人的,也有泄私愤实施爆炸、纵火的;有发生在私人住宅区的,也有发生在公共场所、公交车上的;有发生在单位的，也有发生在校园，甚至是幼儿园的……回顾这些案件，犯罪的手段都具有暴力性和残忍性，危害后果都特别严重，究其犯因，都和戾气有关，均是戾气之人因为个人原因，就做出了严重危及公共安全的事情，这些危害公共安全的恶性案件在一定程度上给民众造成了极大的恐慌。

2018 年 4 月 24 日零时 30 分，广东省清远市英德市茶园路一家 KTV 发生火灾，共造成 18 人死亡、5 人受伤。同日 11 时，纵火嫌疑人刘某被当地警方抓获。经查，刘某因向女服务员表白被拒，谈生意又被邻座客人打击，生意目标没达成，于是心生怨恨，失去理智，遂点燃门口摩托车的汽油放火，导致这一惨剧的发生。

刘某肆意宣泄内心戾气，纵火焚烧 KTV，无情地夺走了 18 个无辜的生命。那些死者和刘某无冤无仇，也素不相识，他们有的是刚生下孩子的父母，有的是忙完一整天下班出来放松的职员，还有的是出来聚会的家庭成员……前一秒还在和家人或朋友一起高高兴兴地唱着歌，后一秒就被烈火吞噬，失去了生命。这些无辜的人被莫名其妙地卷入了一个满身戾气之人的泄愤案件中，都不知道是什么原因就丢掉了自己的生命。刘某泄愤放的一把火夺走了 18 个生命，也烧毁了这些人的家庭，给公共安全造成了极其严重的危害。怀着极大的不满与火气，任凭戾气爆发迁怒无辜之人，无视公共安全，刘某作为一个智商正常的成年人，难道他不知道自己纵火焚烧的行为会伤及无辜吗？难道他不知道自己的行为会危害公共安全吗？可是，被戾气支配的刘某，已经完全沦为了戾气的奴隶，最终导致了惨案的发生。

矫正作业：

1. 分析自己的犯罪行为给他人造成了哪些危害。（此题仅针对矫正对象）

2. 结合自己的言语或行为进行反思，是否对身边的人造成了伤害，继续下去是否会造成更大的危害。

矫正对象将答案填写在《矫正足迹》上；社会人可以思考。

第三节　控制和管理戾气

建议课时：16 课时

矫正目标：之前在戾气的危害一节中讲到，戾气对自身、他人、社会都有严重的危害。对自身来说，戾气会引发多种疾病，会影响个人交际，还会降低生活的幸福指数；对他人来说，戾气的爆发会让他人陷入危险，甚至严重影响公共安全。部分故意伤害、故意杀人等暴力型犯罪，就是因为侵害人未能控制、管理好自身戾气，从而实施了那些暴力犯罪行为。这类罪犯若是没有被判处死刑的话，一般来说刑期比较长，在这漫漫的刑期中，若这些人还是不能控制、管理好自己身上的戾气，即便是在服刑期间,都要比其他服刑人员过得难受,而且很难顺顺利利、平平安安地度过刑期。而且,无论刑期长与短,总有刑满回归社会的那天,若是依然未学会控制、管理戾气,那么还会因为戾气而重蹈覆辙,注定了以后还要入狱。因此,服刑人员学会控制、管理自身的戾气十分必要。另外,对于尚未因为戾气违法犯罪的人来说,学习控制、管理戾气也是非常有必要的。通过学习本节,促使矫正对象(学习者)学会控制和管理戾气的一些方法和技巧。

提高修养

建议课时:4 课时

既然个人缺乏教养、修养很低会引发戾气,那么为了控制戾气,首先就应从提高个人修养做起。提高个人修养既是控制戾气的基础,也是从根本上彻底解决问题的好方法。具体来说,矫正对象可从控制好自己脾气、改变与人沟通交流的方式、学会正确的宣泄方式等方面做起。

一、控制好自己的脾气

好脾气是人的一张好名片,好脾气不但能获得他人的好感,更能使自己生活愉悦。也许有人说好脾气是天生的,自己已经是这个样子了,是不能改变的,江山易改,本性难移。其实不然,好脾气既有天生的成因,更有后天的培养,每一个人都可以通过一些适当的训练改变和完善自己性格。

(一)语言暗示

语言暗示,是指通过语言给予自己一种心理暗示或刺激,以达到改变行为和提高修养的目的,是一种自我调节的好方法。通过语言来刺激和调解自己的大脑,让大脑控制自己的行为,防止过激行为的产生,日积月累,犹如抽丝剥茧般地卸掉可怕的戾气,可以达到培养自己修养的目的。当戾气控制不住时,可以通过语言的暗示来控制自己的行为,使戾气得到缓解。如用名言来暗示自己:“发脾气是本能,控制住脾气才是本事,发脾气是无能的表现,控制住脾气才是才能”“千里之行始于足下,做个好脾气的人,从现在这件事开始”“我是一个思想行为都正常的好人,我可以做到嘴不骂人,手不打人,脚不踢人”“有事好商量,坐下慢慢谈”等。

在监狱的服刑人员,如果因为某件事与同改发生了矛盾,想要发火时,可以默念《服刑人员行为规范》中的条款来暗示和提醒自己不能违反监规纪律。在日常生活中,还可以通过学习“忍字歌”“莫生气”等,不断默念,形成语言暗示,当发现自己戾气要冒头时,也可以及时在心中默念这些“口诀”,刺激大脑,让大脑管住身体,实现自我控制自我约束。

忍字歌

世人都知忍字高,忍字心上一把刀。

讲起容易做不到,不会忍事把祸招。

有人生来脾气躁，意见不同就动刀。
不让老来不让少，总有一天要糟糕。
家里不忍要乱套，别人当作把戏瞧。
团邻不忍互相告，不是花钱就坐牢。
外面不忍更不妙，不挨枪来就挨刀。
小事不忍会大闹，大事不忍更糟糕。
从前古人说得好，让人一步祸自消。
有些男女性子傲，只因不忍进大牢。
背人要说人家好，讲话可莫乱轻抛。
奉劝男女老和少，开口罪生紧记牢。
忍让几句不渺小，相争几句不见高。
我劝还是忍的好，心中有气自然消。

莫生气

人生就像一场戏，因为有缘才相聚。
相扶到老不容易，是否更该去珍惜。
为了小事发脾气，回头想想又何必。
别人生气我不气，气出病来无人替。
我若气死谁如意，况且伤神又费力。
邻居亲朋不要比，儿孙琐事由他去。
吃苦享乐在一起，神仙羡慕好伴侣。

俗话说："心宽快乐多，心窄多蹉跎。"说的是要会坦然面对那些让你生气、愤怒的事情，做到心宽，你就会过得更快乐，若是遇事就斤斤计较，动不动就生气发火，做一个心窄的人，那自己的人生只会坎坷不顺，岁月蹉跎，生活也是越来越难过。在生活中，当愤愤不已的情绪即将爆发时，试着及时用语言暗示自己，唤醒自己的理性，用理性控制住自己的非理性，提醒自己的心要放宽一些，少点计较、多点包容。语言暗示还有最后一道防线，就是警醒自己想到后果，可以试着自我暗示，在心中默念："忍住，别动手，动了手问题更严重，打输了丢人，要住院，打赢了更丢人，要坐牢。"

(二)物品提示

物品提示法的具体操作方法是将告诫自己的提示内容写在、刻在、画在纸上、随身物品上或者是自己经常到的地方，这些提示内容可以是文字，可以是图案，也可以是特殊的物品等，就犹如"见景生情"一样达到"见物提示"的效果，时刻提醒自己，以此来抵消自己多年来的暴脾气、坏习惯、恶念头等，以此来培养好的修养，逐步消除、降低戾气。告诫自己的话语可以是一个字、一句话、一个符号等，标记的地方可以是随身携带的物品，如手机、钱包等，也可以在自己经常到的餐桌、卫生间等位置(此处标记地方、物品是指属于自己的，切不可因标记而损毁破坏公共物品和他人财物)。通过物品提示，处处出现、时时出现积极向上的话语和警句，以此来提示自己，避免因事因人而控制不住自己的戾气，提醒自己勿生气、需冷静、三思而后行、保持理智、懂得克制等，让自己从一点一滴做起，表现得越来越好。

作为一名服刑人员，则可以将这些自己认为有用的语句写在随身携带的小本子上，或者写在纸上，揣在身上，当自己感觉自己要失控时可以打开看一下，或者在日常休息时，睡觉前都可以看一看，用来提醒自己保持理智。下面通过罪犯夏某转变的例子来看看物品提示法的具体应用。

服刑人员夏某，入监以前是当地的小混混，平时戾气比较重，经常和周围的人发生冲突，脾气很是暴躁。曾有一次在夜市吃烧烤，因旁边一桌客人喝酒时声音较大，夏某拿起自己身边的啤酒瓶就朝对方砸去，被公安机关行政拘留了 15 天。拘留并没有让夏某反思自己身上的戾气。某日，夏某认为邻居家播放音乐声音太吵，在戾气的驱使下，他砸坏了邻居家的窗户，并用随身携带的小跳刀将邻居刺伤，被判处有期徒刑 3 年。入监初期，夏某依然我行我素，在监区经常与其他罪犯发生冲突，有一次就是因琐事，动手打了另一名罪犯，后夏某被关了禁闭。在禁闭期间，经过监区警官多次谈话，夏某逐渐意识到自己的犯罪给他人带来的伤害，也认识到自己是一个戾气较重的人。于是，他下定决心想要摆脱戾气，痛改前非。

为了时刻提醒自己，夏某在自己的眼镜盒、日记本、胸卡、亲情卡的背面以及小纸片等物品上都写了“戾气害人，三思后行”“轻声细语好好说话”“凡事不能只想自己”“保持理智，切勿动手”等话语来时刻提醒自己。一段时间以后，夏某有了转变，他与同改说话不再大声嚷嚷，遇到问题也能够克制自己内心的冲动，冷静对待，寻求监区警官帮自己解决，以前身上的戾气得到了较好的控制。渐渐地，矛盾也少了，冲突也少了，夏某的心情好了起来，服刑生活也比原来顺利多了。

二、改变与人沟通的方式

俗话“良言一句三冬暖，恶语伤人六月寒”，说的就是很多时候，一句同情理解的话，就能给人莫大的安慰，平添勇气，即使在寒冷的冬季，心里也能感到热乎乎的；而一句讽刺挖苦打击的话，就像一把利剑，深深地插入他人的胸膛，即使在炎热的六月夏季，也让人感到阵阵的胆寒、心寒，让人瑟瑟发抖。因此，除去心中戾气，就要改变与人沟通的方式，语气谦和、相互尊重、急人之所急、想人之所想，坦诚、平等地沟通，更能拉近人与人之间的距离，打开彼此的心扉，这是提高个人修养的重要方式。具体可从以下几个方面来做。

（一）相互尊重

与他人沟通的时候要尊重对方。当对方在讲话时，不要头歪一边，看都不看对方一眼；要看着对方的眼睛或者眉心，耐心地听对方把话说完，清楚对方想要表达的意思，表示诚意和尊重。在对方没有说完话的时候，不要随意插话、打断对方。沟通时，不可人家说东，自己扯西，说的根本不是一件事，更不可盛气凌人，飞扬跋扈，目中无人。

(二)语气谦和

在与他人沟通交流时，要学会使用一些委婉、谦和的话语，这体现着一个人的素质和修养。比如，沟通时多用一些敬语："您""您好""请""麻烦""谢谢""不客气"等来代替那些粗俗的语气，不要用命令式的口吻说话，而尽量使用谦和、友善的询问句。例如，把"这个事就是你去办"换成"请您帮忙办一下这件事，可以吗?"，把"你给我让远点"换成"能不能请您让一下，我有急事，谢谢您"，明显效果会比较好，就这样，客气与和谐就在不知不觉中环绕在自己周围。

(三)学会微笑

俗话说："伸手不打笑脸人。"微笑有巨大的威力，甚至可以说是人与人之间沟通的"润滑剂"。在与人沟通的时候，能够做到互相尊重，语气谦和，再加上一点点微笑，那么沟通的双方之间可以迅速提升温度，让关系快速变得融洽起来，甚至可以化解尴尬，化解敌意。"相逢一笑泯恩仇"就是说，当人们都经历了劫难后，可以爱憎分明，但是要保持乐观主义精神，相逢的时候相视一笑就把过去的恩仇全部忘记了。无论是什么人，无论你的肤色、无论你的信仰、无论你的贫富贵贱、无论你的职位高低，只需一份真诚的微笑，你便可以打动对方、感染对方，消除彼此之间的隔阂、拉近彼此之间的距离。微笑能够传递人与人之间最真诚美好的品质，也是一个人自信的展示。微笑有诸多好处,大家可以尝试改变自己的表情,不要让人一眼看过来就感觉你一身的戾气。学会微笑,让人感到你是一个随和、友善的人;在与人沟通时,可以助你事半功倍。

三、学会正确的宣泄方式

在日常生活中,每个人都会有不顺利或者生气的时候,在这个时候,大家都要及时把气给发泄出来,不然会憋坏身体。但是,宣泄也是讲究方式方法的,如果胡乱宣泄,不顾人情世故地宣泄一通,甚至不顾法律法规,做出一些不理智的事情,那么后果将非常严重。因此,在遇到问题的时候,最重要的不是如何肆意发脾气宣泄,不管不顾地发泄自己的戾气,而是应该学会控制好戾气,找到正确的、适当的宣泄方式使自己冷静下来,在回归理智以后,再寻求问题解决之道。

比如,当遇到他人无理取闹、不可理喻,自己和他有理也讲不通时,就应设法离开现场,不要在现场爆发,试着在空旷的郊外高声喊叫一番,或者找个没人的地方,通过哭泣将强忍的怨气、戾气排解出来,在喊叫和哭泣中宣泄愤懑、敞开胸怀,让自己冷静下来,也让对方冷静下来,然后再找时机解决事情。宣泄的方法有多种多样,可以呐喊,可以哭泣,可以找个沙包进行击打,可以找人倾诉,也可以在不影响他人的前提下听歌、唱歌。在监狱这个特殊环境中,设有专业宣泄室,服刑人员可以找警察申请,或者可以选择警察作为自己的倾诉对象,监狱警察中有很多是心理咨询师,也可以申请心理咨询进行戾气的宣泄。但是,宣泄有底线原则,无论如何都要遵守,那就是在社会上要遵守法律法规,在监狱要遵守监规纪律,不能胡乱宣泄。

人生在世并不能事事顺意,不能因戾气而随意行事,遇到问题寻求合理合法的解决方式才是上策。在生活中,当和他人产生分歧时,先克制住冲动,双方都保持理智来协商处理。如果难以达成共识,可以找村委会或社区工作人员,或到派出所找公安机关帮忙调解处理等,如此很多纷争就能得到较好解决;协商不了,也可通过司法程序请求法院解决、服刑人员在监狱中可以找自己的责任警察或者监区其他警察,切不可一时冲动,做出违法乱纪之事。

矫正作业:

1. 可以通过什么方式提高修养?
2. 如何控制好自己的脾气?
3. 怎样正确与人沟通?
4. 宣泄戾气有哪些方式?

矫正对象将答案填写在《矫正足迹》上;社会人可以思考。

敬畏规则

建议课时:4 课时

明代思想家方孝孺曾说,"凡善怕者,必身有所正,言有所规,行有所止,偶有逾矩,亦不出大格”,这里的“怕”说的就是敬畏,“敬”即尊敬、敬重,“畏”即畏惧、害怕。敬畏心,是指个体对人或事保持一种既尊重又畏惧的态度,是人对万事万物的一种重要的情感,具有警戒与自省的作用,有助于规范与约束人的言行举止。这种“敬”是对事物发自内心的尊重,“畏”同样也是自身内心深处的第一感觉,敬畏规则,就是要敬畏公序良俗、人情世故、法律条款、规章制度等约束人们行为的、有形无形的规则,敬畏这些规则,并发自内心地遵守这些规则。人若有敬畏之心,即便戾气偶有爆发,也会在第一时间想到这些有形无形的规则,心生敬畏从而遵守规则,不至于太过出格;人一旦失去对规则的敬畏之心,那么在戾气爆发时就会忘乎所以,不顾后果,为所欲为。

一、敬畏法律

法律是由国家制定或认可并受国家强制力保证实施的行为规则的总称。法律是“裁决之剑”,也是“惩恶扬善之锤”,谁若失去了对法律的敬畏心,逾越了法律的红线,那么“裁决之剑”“惩恶扬善之锤”就要对他进行裁决,他将为自己的行为付出相应的代价。

戾气重的人失去了对法律的敬畏,在戾气支配之下,其行为很容易就会逾越法律的红线。2015 年 5 月 3 日下午,成都市三环路娇子立交桥附近发生了一起打人事件,卢某在驾车前往三圣乡途中，因多次变道行驶被张某驾车逼停，随后遭到对方的殴打而致伤。事件视频在网络上发布后，人们先是对男司机张某下狠手殴打女司机表示震惊。然而，当张某行车记录仪的视频公布在网络上以后，舆论又转而谴责女司机卢某开车太没规矩、太危险。卢某先是在几秒钟内连续变道两次，直接从张某的车前切过去，又轧着实线下了主路，明显是违章驾驶。其间，卢某驾车将张某车辆逼出机动车道，两次险些撞上一旁的路人，更是危险至极。最终打人的男驾驶员张某因涉嫌故意伤害，被依法刑事拘留，后又依法被判刑。另外一边，被打女司机卢某肩膀骨折、脑震荡，身上多处淤青，住院数天，同时，由于其戾气引发开车斗气的“路怒”行为，既蛮横，又危险，被网友的怒骂淹没，自己也遭受了道德的批判。在这件事中，没有一方是赢家，双方因戾气爆发，都未主动理智地去应对摩擦，卢某违反交通法规强行变道，还不顾路人危险数次别车；张某被戾气冲昏头脑，不顾法律法规殴打卢某，任意侵害他人的生命健康权，结果双方都受到了相应的道德批判和法律制裁。这就是人不敬畏法律，被戾气彻底控制的后果。

敬畏法律并非单纯地惧怕法律，也不是把法律供于神坛，而是要把法律当作红线，不可逾越，当作底线，不可触碰。从内心深处敬畏，从行为上尊重，自觉维护法律的尊严与权威。戾气爆发绝对不是触碰、逾越法律的理由，相反，戾气爆发之时人更应敬畏法律，告诫自己应当悬崖勒马。

二、敬畏生命

生命的宝贵在于其对每个人来说都只有一次，没有了生命，一切都是空谈。之所以每个人都要敬畏生命，本质在于生命的不可重复性，人死不能复生，当人的生命逝去后，是无法挽回的。另外，生命的消亡，对于自己或者他的亲人、挚友来说，都是一种非常痛苦的体验；无论是天灾人祸，还是寿终正寝，人世间最让人悲痛欲绝的事情就是生离死别。当自己挚爱的亲人、朋友永远地离开，去了另外一个世界，那必定会让人伤心难过，同样地，当自己永远告别这个世界之时，自己的亲人也会痛彻心扉。每个生命的诞生和成长都意味着家庭沉重的精力、体力、财力的消耗和推卸不掉的责任与义务，因此，每个人都要敬畏生命，不仅要敬畏自己的生命，也要敬畏他人的生命，永远不能肆意伤害任何一个人的生命。

心存敬畏的人在心情郁闷时，会通过一定的方式来发泄一下，比如，可能会喝一顿闷酒、发一通牢骚，再出格点充其量也就咬牙切齿地对着空气比画几下而已，他们不敢去砍砍杀杀，不会去伤害他人，因为他们心中还有最基本的底线，即对生命怀有敬畏之心。千万不能说这些人是“怂包”，是“嘴炮”，其实这些人是真正的强者，他们即使在自己盛怒或心情极差的时候都能恪守自己心中的底线，控制住自己的行为，还能做到怀有敬畏之心，他们知道纵使有天大的仇也不能去伤害他人的身体,更别提剥夺他人生命了。而不懂、也不会敬畏生命的人则恰恰相反,他们才是真正的弱者,充满戾气时就和野兽一样,完全控制不住自己,怎么想就怎么干,或者想都不想,直接动手,脑子里只有泄愤,只有打打杀杀,看见他人的生命被伤害,他们才会得到发泄,结果是伤害了他人,自己也被判刑。被戾气冲昏头脑而伤害他人的那些人,在犯下故意伤害、故意杀人等罪之后都后悔不已,恨自己当时太冲动,这时才后悔,他人骂自己,自己又损失不了什么;就算害怕他人伤害自己,也可以跑,可以躲开,可以找警察,可以想其他的办法,但为了这些小事、琐事而去回击他人,把他打伤打死,结果是付出失去自由的代价,甚至还得赔上自己的生命,简直是愚蠢至极。

马某平因水暖工程款纠纷数年未得到解决,导致戾气累积,2016 年 1 月 5 日 6 时 30 分许,为泄私愤,马某平携带事先准备好的汽油登上从宁夏贺兰县开往银川火车站的宁 A22870 号 301 路公交车。当公交车行驶至贺兰县金盛国际家居东侧路段时,马某平用打火机点燃汽油,造成 18 人死亡、32 人不同程度受伤及公交车烧毁的严重后果。法院审理认为,被告人马某平在正常行驶的公交车上放火,危害了公共安全,其行为已构成放火罪。马某平事先预谋、准备,携带汽油,在群众日常乘坐、人员密集的公共交通工具上放火作案,致 18 人死亡、32 人不同程度受伤、公交车被焚毁,其犯罪性质、情节极其恶劣,手段极其残忍、社会危害性极大、后果和罪行极其严重,应当依法惩处。最高人民法院复核认为,本案一审判决、二审裁定认定事实清楚,证据确实、充分,定罪准确,量刑适当,审判程序合法。2016 年 12 月 23 日上午马某平被依法执行死刑。

该案中的马某平原本是受害方,被欠款 20 多万元,讨薪 3 年,试了很多方法都没有要回欠款,为此,妻子离他而去,父母兄弟因为借钱还不上而反目。这些怨气都积压在马某平心中,逐渐地变成了戾气,最终被戾气冲昏了头脑,以如此极端的方式来宣泄,他这样做不但解决不了自身的问题,还把十几个和自己毫不相干的无辜群众害死了,自己也被判处死刑。归根结底,还是因为他内心深处缺乏对生命的敬畏之心,若是他对自身的生命能多一丝敬畏,对他人的生命能多几分敬畏,那么他断然不会采取这样极端的方式来宣泄戾气。

三、敬畏道德

古希腊著名思想家亚里士多德曾说:"法律是最低层次的道德,道德是最高层次的法律。"道德是一部包含自律、他律性的法律,叩问着人们的内心,有道德于心中,以德修身养性,能让一个人能够是非分明,平和坦荡;有道德于心内,以德正言慎行,能让一个人明辨善恶,进退自如;有道德于心底,以德润心成人,能让浪子改头换面,迷途知返。有道德的人让人肃然起敬,缺德之人让人嗤之以鼻,敬畏道德可以使人远离戾气。

社会在发展的进程中离不开道德准则的约束,每个人都应该从内心建立起与环境以及与他人相处的准则,所做之事也要在道德准则允许的范围内不逾矩。

一个人的德行就是他道德素质的反映。戾气重的人在戾气爆发时通常都会无视道德规则,觉得自己就是理,自己就是规则,所有的规则都应该为自己服务,为区区小事大发雷霆,与人意见不同就恶语相加,有所争执就大打出手。如之前被新闻报道过的重庆“保时捷女司机”,自己驾车时违反交通规则调头,一名直行的男车主未避让,她就大声咆哮,声称整个渝北区飙车她是出了名的,自己从来都是闯着红灯过马路的,并伸手扇打不避让自己的直行男车主,结果被直行的男车主一记耳光回扇。这位女司机就是典型的无视道德规则,且不说红绿灯等交通规则被她无视,就连遵守交通规则正在直行的男车主都因为不给她让道而被她辱骂。公路是大家的,遵守交通规则直行的人还要给违规调头的人让路,这是何等的霸道?当人的戾气爆发之时,规则、道德、公序良俗都被其抛之脑后了。

戾气重的人甚至是面对天热、下雨等人力所无法左右的事都要喋喋不休、咒骂不停,这是多么可笑。相反,若个体对道德心存敬畏,能以道德约束自己的言行、自觉遵守行为准则和规范,即便身上有一些戾气,偶尔爆发一下,也会因有所顾忌而自拉刹车。例如,一个人在与配偶争执时,想到高分贝的争吵声可能影响对门备考的学子,影响楼上新婚的小夫妻,影响楼下的老邻居,就会自我控制,要么降低声音,要么闭嘴离开;与同事在工作方式、工作方法上持异见时,想到纠缠不休的内耗可能影响部门的形象、影响同事的形象,就主动告诫自己"算啦算啦",停止"同室操戈",而选择其他做法,暂时搁置问题,争取说服对方同意,支持自己的做法,又或者暂时同意支持对方的做法等。敬畏道德并非惧怕规则,而是对规则的热爱和尊重,是从内心到行为上都能做到以规章制度为基本行为准则,将公序良俗作为衡量自己言行的标准和准绳,从而约束自己的动作,控制自己心中的戾气,所做的事情都要在道德允许的范围内,不能为了一己私利置道德于不顾,甚至肆意践踏破坏。

矫正作业:

1. 敬畏的规则包含哪些方面?各方面都包含了哪些内容?

2. 结合自己的经验,尝试简述生活中要如何以敬畏之心管控自己的戾气。当戾气冲脑之时该如何应对?

矫正对象将答案填写在《矫正足迹》上;社会人可以思考。

与挫折抗争到底

建议课时:4 课时

人生不如意之事十有八九,谁都免不了要经历挫折。如果不能正确对待挫折,就很容易因挫生戾,自暴自弃,让自己身陷挫折与戾气的无底泥潭。在挫折降临时,悲伤是一种随之而来的本能心理,然而,在伤心之余,大家还是要学会面对挫折,因为挫折不会因伤心的泪水而退却,人生的不如意也不会给软弱让路,更不能因为受了挫折就让内心的戾气悄然滋长。因此,大家需要正视挫折,提高抗挫折能力,与挫折抗争到底,将悄然滋长的戾气扼杀在萌芽状态,练就一颗强大的内心,只有做好这样的准备,才能更好地迎接风雨之后的彩虹。

一、接受挫折并与之抗争

在遭遇挫折时,首先要学会正视和接受,切不可逃避和消极应对。正如我国古话说的"事已至此""木已成舟""覆水难收"等,都是用来安慰自己事情已经到了这一步,应该接受现实了。不谋而合的是,荷兰的名言也这样说,"事情既然已经是这样了,就不会成为别的样子了"。当挫折出现时,平心静气地接受已经发生的事情,才是解决问题应有的态度,因此,正视和接受挫折是解决问题的基础。如果不能正视和接受挫折,就很容易因挫生戾,被戾气控制了自己,做一些触犯法律还损人不利己的事,就像之前提到的马某平,要债要不回来,就为泄私愤,点汽油烧了公交车,烧死 18 人、32 人受伤,这 50 个人身后就有 50 个家庭,这 50 个家庭今后如何正常生活?最终,马某平不仅欠债没办法要回来,还失去了生命。如果当初他能够正视和接受挫折,就能慢慢冷静下来,弄明白要债的关键环节应该在什么地方,对方不还钱的根本原因是什么,最后总能解决问题,要回欠款,也不会违法犯罪,害了无辜的人,也害了自己。可见,正视和接受挫折有多重要。

另外,情感问题、婚姻问题也是一样的,出现问题一定要正视和接受,如果无法正视和接受已经发生的事实,不加分析地把这些问题的原因全部怪罪于伴侣身上,拖拉打闹、指责咒骂,不仅对问题的解决毫无帮助,还会使情况更糟糕,结果只能是小挫折变成大挫折,大挫折变成无法解决的问题,而自己就被这些问题、挫折困扰和纠缠,接着就认为世界不公平,然后心生怨气、戾气,最后被戾气吞噬,做出一些害人害己的傻事,甚至有可能使自己身陷囹圄。

在正视和接受挫折之后,就是要坚定信心与挫折进行抗争。情感挫折仅是人生之中一个很小的挫折,人可能会面对生活挫折、职场挫折、社会关系挫折等各种各样的挫折,遇到挫折,就要先正视和接受挫折,要么顺应,要么与挫折抗争到底。接下来一起来看看一个“90 后”姑娘在面对挫折时是如何应对的。这个姑娘在很小的时候,父母就离异了。父亲过世后,继母待她并不好。她被继母逼着做重活,一旦做错什么事就会被打,打起来的时候,继母还会拽着她的头发往水沟里按,把她打到半死不活。后来爷爷奶奶把她接过去抚养。然而,幸福总是很短暂,爷爷离世后,奶奶无法供她继续上学,那时的她只有 14 岁。这个时候,她为了谋生只能外出打工养活自己,她睡过公园椅子,连续 2 个多月啃馒头,甚至去酒吧当过 DJ。一去就是 8 年,她做着自己并不喜欢的工作,只因为她不但需要养活自己,还要有足够的钱寄给留在家乡的奶奶。早年的经历磨炼了她坚韧的性格,不轻易服输。因为她知道自己只有一条路,无论哪种生活都会很苦,那为什么不选择与挫折和命运抗争到底呢?后来因为奶奶的一场大病,她回到家乡,因缘际会之下,开始拍摄视频。因为读书少,知识储备不多,对于只能用手机剪辑视频这件事,她自嘲说,像我这样没读过多少书的人,不会用电脑剪辑也很无奈,从不会到学会,都是自己对着说明书一个字一个字地学习。每一个视频,从拍摄到剪辑,她都需要用上好几天。但她从没想着放弃,即使在拍视频时肠胃炎发作,疼到全身冒冷汗,最后被朋友送去医院也没有放弃过。那时她的视频,全部都靠自己一个人完成,一个不超过 10 分钟的视频,她需要拍几个小时。她的视频有桃花酒酿造工序,有传统木工活制作等,都是她自己拍自己制作,为了拍摄兰州拉面视频,她经朋友介绍找到了一位来自甘肃的拉面师傅,软磨硬泡地求人家教她。好不容易师傅答应了,一门手艺可不是这么容易学习的,每天花比一般人多的时间练习揉面,拉面拉到第二天胳膊都抬不起来。等到终于学会了,发现拍摄更难,因为手上全是面粉,每拍一个镜头,都需要擦干净一根手指去碰相机,以免面粉进入。就这样,她一共拍了 200 多个镜头,整整拍了 3 天,每天只吃一顿饭,拍废的面粉有 20 多斤,做成大馕吃了半个多月,制作又花了好几天,几十秒的视频背后却是如此艰辛。随着一次次的失败,一次次的挑战,百折不挠的她成功了,央视新闻这样评价她:没有一个字夸中国好,但她讲好了中国文化,讲好了中国故事。她的每一帧视频画面都有对祖国、对家乡的热爱,看懂这种热爱不需要翻译。她的名字叫作李子柒,一个能在稻田里插秧、竹林里挖笋、荷塘里采莲、森林里纵马扬鞭的美食全视频博主。她的微博有2000多万粉丝,B站粉丝220万,抖音粉丝2249万,Youtube粉丝有761万,与美国影响力最大的媒体CNN不相上下。李子柒的海外文化影响力,可以抵得上1000个CGTN(中国国际电视台)。据国外媒体公布的Youtube广告收入分红,在李子柒粉丝500万的时候,一年的广告分红大概是4452万元,而目前她的粉丝已经有761万。2018年8月,李子柒同名天猫店铺正式开业。上线6天之后,这个当时仅有5款产品的店铺,销售量突破了15万、销售额破千万元。2019年,李子柒旗舰店在售的21款产品显示的总销量突破130万,总销售额高达7100万元。

罗马不是一天建成的,看李子柒的视频,觉得她什么都会,从吃的到用的,甚至还会造纸、蜀绣、制墨这些几乎快要失传的技术。但这背后,是她从清晨到深夜不停歇的付出,是她坚定的信心和挫折抗争到底的态度,一开始,家庭环境不好,成长经历不顺,并没有使她因挫生戾,变成一个怨天怨地、戾气缠身的人,她正视和接受挫折,顺应挫折。随着个人成长,李子柒在生活中不断地挑战挫折,与挫折抗争到底,不服输,不认怂,最终战胜了挫折。山有峰顶,海有彼岸。漫漫长途,终有回转。余味苦涩,终有回甘。对于李子柒来说,没有从小扎实的干农活基础,没有每个视频背后成百上千次的重复,没有整日整夜耐得住寂寞的学习,就不会有这个连外国网友都羡慕的李子柒。人人都会遇到挫折,挫折是苦,挫折是累,挫折是痛,但只要自己能够正视和接受挫折,那么,今天受的苦,吃的亏,担的责,扛的罪,忍的痛,到最后都会变成光,照亮自己明天的人生之路。

二、想方设法解决挫折

人生的旅途不可能一帆风顺,遇到点困难再正常不过了,不必去纠结为什么自己这么倒霉,世界这么大,比自己活得艰难的人还有很多。自己眼中的那些强者、能人,并不是一直幸运,不曾遭遇挫折,而是在面对挫折之时,他们能够正视和接受挫折,然后想方设法地解决问题,与挫折抗争,在解决问题中得到提高,在解决问题中得到锤炼。

心理学通过研究发现,现代人面对压力大多会采取回避态度,明知问题即将发生也不去想对策,结果只会使问题更复杂、更难处理。就像鸵鸟被逼得走投无路时,就把头钻进沙子里,在挫折面前缩脖子、埋起头,那么挫折就会是永久的,问题是无法解决的,而且极有可能发生的是,因为问题无法解决,挫折压在身上,久而久之,因挫生戾、化挫为戾,让人陷入戾气的旋涡之中无法自拔。

挫折对于每个人来说都是在所难免的,在避无可避的挫折面前,就应该想方设法地去解决,与之抗争到底。现在一起来看看这个例子:张海迪是一位当代女作家。她1981年9月参加工作,1982年12月加入中国共产党,吉林大学哲学系毕业。曾任第十一届全国政协常委,中国残联第四届主席团副主席,中国肢残人协会主席,山东省作家协会副主席,山东省青联副主席,省残联主席团副主席。历任山东莘县城关医院医生,广播局无线电修理工,济南市文联创作室创作员,山东省作家协会创作室创作员,中国残联第一、二、三届主席团委员,第三届肢残人协会主席,第九、十届全国政协委员。2008年11月13日中国残联第五次全国代表大会选举其为中国残联第五届主席团主席。

上述这些听起来就很了不起,但是,你知道吗,张海迪5岁的时候,因为身患脊髓病,胸部以下全部瘫痪,这是什么概念?也就是说她的胸部以下的肢体全部残疾,能动的只有手和头!因此,张海迪没有进过学校,那么她的这些荣誉和学历是怎么来的呢?张海迪并没有因为身体残疾就沉沦下去,她从童年时期就开始以顽强的毅力自学知识,先后自学了小学、中学、大学的专业课程,随后又克服疾病和困难,走上了文学创作的道路,精益求精、执着地为文学而战。因为她是残疾人,所以在天生的无法改变的挫折面前,她要比普通人刻苦得多,她想尽一切的办法来学习和充实自己,把挫折当作问题来解决。在残酷的命运面前,在巨大的人生挫折前面,张海迪没有沮丧和沉沦,更没有因挫生戾，心生戾气，自暴自弃，而是想方设法地去解决挫折，虽然身体残疾，但还有脑子可以用，那么就更加努力地学习，用知识武装头脑，通过写作找到自身的价值，付出更多的汗水与挫折作斗争。最终她战胜了挫折，得到了世人的认可，还成为大家学习的榜样。

挫折是可以通过自己的努力去解决的，首先，要正视和接受挫折，然后，可以选择与挫折抗争到底，也可以在适当的时候学会变通处理，试着与挫折同行，而不能将路走成死胡同。例如，面对监狱服刑中遭遇的一些挫折，同改之间相处有矛盾、违反监规纪律被警官批评、生产任务完不成、思家念亲想家人等，此时，就要多思考，多找原因，积极想办法去应对和解决。同改之间相处有矛盾，就要反思是不是因为自己生活习惯不好，或者在相处的过程中只考虑自己，不考虑他人，说话做事容易得罪人等；违反监规纪律被批评了，那么应该怎么做？就是再认真地学习一遍《服刑人员行为规范》，错误的事情就不能再去做了；生产任务完不成，就要考虑是自己的态度有问题，还是自己的操作有问题导致了生产效率较低，找到症结后对症下药，就可以逐步提高自身的生产效率；想念家人是人之常情，下一步就可以考虑给家人多写几封信，在信中诉说自己的思念之情，在可以拨打亲情电话的时候，打电话表达自己的悔改之意，珍惜每一次会见机会，然后将思念之情转化为积极改造的动力，把刑期当学期，争取早日减刑回家，即便被限制减刑，在监狱服刑也要不断充实自己。可见,当自己接受挫折并积极努力思考,想方设法去解决,挫折也就烟消云散了。

因此,要正视、接受和解决挫折,挫折并非都是坏事,只要处理得好,它就是一种能让人自强不息、奋起拼搏、争取成功的动力和精神催化剂。

矫正作业:

1. 简述以前遇到挫折自己是怎样应对的。

2. 简述今后遇到挫折自己应该怎样应对。

矫正对象将答案填写在《矫正足迹》上;社会人可以思考。

学会顺应,保持心理平衡

建议课时:4 课时

顺应即顺从、适应。没有人能够一帆风顺,无论能人伟人还是普通人,都会遇到挫折,要么奋发图强与挫折抗争到底,要么选择顺应,保持自己心理平衡。面对挫折,逆来顺受地去顺从和适应,也是一种应对挫折的方法态度,切记千万不能因挫生戾,自暴自弃。

人生遇到的挫折形式和内容各不相同,有生意失败的、有身患残疾的、有在职业路上屡战屡败的,有永远失去了自己至亲的人的,有找不到工作连谋生都困难的,有情感不顺家庭不和睦的,等等。当挫折已经发生时,要么自己正视和挑战挫折,不屈不挠，屡败屡战与命运抗争，使自己的人生达到常人都难以达到的高度，要么采取顺从和忍受的态度，也就是要学会顺应，保持自己的心理平衡。这里需要说明的是，顺从和忍受并不是失败，而是应对挫折的一种措施。因为在有些时候，我们改变不了环境，那就只有改变自己的心境。顺从适应是一种境界，在你无法改变环境，而且没有足够的能力去挑战挫折时，就应该沉静下来，先顺应挫折，然后分析问题，吸取教训，自我革新，自我完善最终把挫折当作下一次成功的垫脚石。

换句话说，“逆来顺受”也是一种应对挫折的处世方法，但是此处的逆来顺受并非认怂和认输。逆来顺受，是指对恶劣的环境或无礼的待遇采取顺从和忍受的态度。它的反义词是以牙还牙、以眼还眼、针锋相对。大家都知道鸡蛋和石头哪个比较坚硬，如果鸡蛋非要去和石头针锋相对，结果可想而知，石头肯定是完好无损的，而鸡蛋就会破碎不堪。若把人比作鸡蛋，当遇到的问题和挫折是“石头”时，最好的选择就是逆来顺受，因为此时的自己毫无胜算，甚至可能还会失去得更多，失败得更惨，进而因挫生戾，从此怨天尤人，自暴自弃，距离成功越来越远。不仅如此，更坏的结果还有可能是在惨败之后，被戾气控制，做出一些损人不利己的事，被千夫所指还身陷囹圄。因此，应该先学会顺应，保持心理平衡，然后再不断地学习，不断地努力，充实自己，使自己从“鸡蛋”升级成为“碎石机”，这个时候自己面前的挫折或许就是小事一桩了，根本不堪一击。

在前文戾气的来源部分,我们知道了嫉妒会让人产生戾气,所以为了管控好戾气,人也需要学会顺应,保持心理的平衡,勿因嫉妒心作祟而导致戾气的滋生。所谓顺应,是指当外界环境发生变化或是遇到突发事件让人不顺的时候,通过改变自己来达到与外界环境相适应的状态,让自己的生活学习重新走上正轨,相对顺利的过程。

嫉妒心导致满身戾气的人,在生活中表现为,总是有太多的不满,例如,嫉妒他人有而自己没有;嫉妒他人这样好、那样好,而自己这样不好,那样也不好;嫉妒他人早就拥有的东西,而自己需要用很长的时间才拥有;嫉妒他人有贵人关照,而自己却没有;嫉妒有钱人含着金钥匙出生,而自己却出身贫寒;嫉妒他人有份好工作,而自己却连一份普通的工作都找不到……对自己不满、对他人不满、对社会不满,全身都散发戾气,进而做出一些不经大脑、违法缺德、损人利己,甚至损人不利己的事。为了遏制这些因嫉妒产生的戾气,我们需要学会顺应,顺应是一种生活的态度,也是一种生活技巧。

人要懂得顺应和改变,特别是暴力型罪犯,更要懂得顺应的重要性,顺应能让人生存、生活得更好。中国自古就有很多教人顺应的俗语,比如,“日出而作,日落而息”教人们顺应大自然,根据日出日落来确定作息时间;“人有悲欢离合,月有阴晴圆缺,此事古难全”将人间的悲欢离合比喻为月亮的阴晴圆缺,是不可抗拒的,告诉大家要正确对待人间的悲欢离合,接受它、顺应它;“天要下雨,娘要嫁人”也是在教人当遇到自己改变不了的事情时,一定要学会顺应,不可强求,保持心态平衡等。因此,凡事要适应事物发展变化的规律,因为事物的运动变化是永恒的,静止是相对的。学会顺应,既要顺应不如意的人和事,也要顺应生活的环境,改变不了环境,就要去适应。适者生存也是这个道理,遇到不好相处的人,实在相处不了就少来往;得不到的东西要学会放手,左右不了的事莫去强求。当然,顺应并不是不作为,不是无所作为,更不是破罐子破摔,在顺应的同时也要改变自己,就像仙人掌把自己的粗枝大叶改变为小细刺一样,遇到比自己优秀的人,不要一个劲地嫉妒他人,学会顺应,保持心理平衡,在承认了这个事实之后,就要设法改变自己,努力让自己变得更优秀。

人在社会中更应如此,特别是在工作中,在职场上,有一种称谓叫作“职业达人”,职业达人不一定是老板或者高级管理人员,但是他一定是“职场精神领袖”,因为职业达人,经历过风雨,值得拥有彩虹,其成功不是一事一时,因此,他会坚定地做自己,也就是将职业达人进行到底,追求一种超乎常人的职场境界。这就是顺应心理在职场中的最佳体现,因为每一个找到工作并进入职场的人都将面临 3 个阶段。第一个阶段是“职业塑造”。在积累职业经验若干年后,一个职场人就会逐渐步入“职业塑造”阶段:你的“职业性格特点”是什么?你的特长和不足是什么?回答完这些问题就可以进入“职业塑造”了,在塑造过程中,要对职业发展方向进行合理调整和矫正——一定要在自己擅长、有兴趣、有发展空间的方面发展。第二个阶段是"职业锁定",锁定方向进行定位,这是至关重要的一步。定位准确,事半功倍;定位不准确,事倍功半。面上的、点上的,都要关心。面上,要看社会需要;点上,要看行业趋势。确定这些,要多浏览信息、广结良师益友,同时,要培养决断力。第三个阶段是"事业开拓",人锁定的职业将成为终身的事业,意味着自己所积累的技能、经验及资金等条件将向事业开拓历程倾斜。表面上看,自己可能仍然保持着原来的职业状态,但年龄和阅历已经将自己推向了事业发展的起跑线。这个起跑线,与职业开始起跑的那个起跑线是不一样的:它意味着,自己要为自己而跑,为自己的后半生而跑,时不我待,以往的积累将要化为果实了。人到中年,很多人在机会面前不敢贸然决定,心理上有些恐惧。但是,职业达人不会就此止步,他们会坚定地选择并开拓进取。在每个人的职业生涯中,这 3 个阶段都不可能是一帆风顺的,都会遇到各种各样的挫折。比如,自己的能力不足,不能应对工作;或是老板、上司对自己不满意;又或者是同事之间关系处不好等,各种各样的挫折都会避无可避地找上门,而职业达人并不会逃避挫折,怨天尤人,更不会因挫生戾,因妒忌同事生戾,弄得自己戾气缠身,甚至还做出损人不利己的坏事、违法犯罪的蠢事。经历过前 3 个职业阶段之后,人也差不多步入了"不惑"之年,就应该积累经验,做到能够正确处理遇到的挫折,提升自己承受挫折的能力和抗压能力,稳定下来,做到“事业平稳心情靓”,这就是职业达人,这就是顺应的具体体现。之前也说到职业达人并不一定是老板或者高级管理人员,因此,职业达人的诀窍就是适宜的顺应,而不是永远迎难而上地激烈斗争。其中,适宜的顺应并不是无所作为,它其实是面对挫折和问题的一种态度,这种态度使人避免与挫折争斗得头破血流,这种态度让人面对挫折可以沉着冷静。

在监狱中同样如此,既然判决书下来了,人也到了监狱,就不能再怨天尤人、戾气爆棚,甚至还动不动要打打杀杀,正确的做法是要学着顺应,多思考,多动脑,让自己的大脑控制自己的拳头、平衡自己的思想,不要被怨气吞噬,更不能被戾气支配,想一想自己下一步应该如何积极改造,怎样提高自己的知识储备,以争取下一次取得成功。服刑人员之所以受到法律的制裁,就是要为自己之前做的违反法律的错事买单,服刑改造就是赎罪,既然都已经进了监狱,既来之则安之,尽快顺应才利于下一步的积极改造。在服刑生活中,身边不乏很多积极改造分子、劳动能手等,看到他人比自己厉害,比自己考核分高,比自己劳动产量高,千万不能嫉妒心暴涨,继而戾气上脑,横竖看他人不顺眼,把比自己优秀的人打伤打死,那样的话,服刑人员不仅没有任何好处,还要受到相关法律和监规纪律的制裁。此时,应该要学着顺应,把心态放平,把戾气控制住,承认那些积极分子和劳动能手的优秀,并且改变自己,努力向这些比自己优秀的人靠拢,学习他们的优点,然后再超越他们,这样,就可以逐步让自己进步,不做戾气的奴隶,战胜戾气,变得更加优秀。

矫正作业:

1. 当嫉妒充满了你的内心,你应该怎么办?

2. 如何以顺应心理管控戾气?

矫正对象将答案填写在《矫正足迹》上;社会人可以思考。

第三章　情绪管理

矫正目标:情绪与每个人都息息相关,它存在于人生活的方方面面,只要是人就会有情绪,人的情绪会因所处的时间和环境而不同,情绪是人内心感受的晴雨表,遇到高兴的事情会开心和喜悦;遭遇挫折会悲伤和难过;被人欺负会感到愤怒等。简单地说,这些喜怒哀乐都是情绪。

谚语说"冲动是魔鬼",当人在冲动的时候,往往就是负性情绪爆发的时候,此时的人被负性情绪左右,很容易做出一些出格甚至是违法犯罪的错事。换句话说,被负性情绪控制的人可能由于一时冲动就变成了魔鬼。因此,我们要正确认识情绪,成为情绪的主人而不是被情绪控制,并学会如何控制和管理情绪,这样不仅可以让人充分冷静,不做冲动出格的事情,而且可以让人保持一个良好的情绪,还能使人远离负性情绪,提高人的幸福指数。

建议课时:42 课时

第一节　情绪概述

矫正目标:情绪多种多样,不同的情绪会引起人不同的体验,愉悦时对周围事物的感觉是好的,难过时好像感觉周围的一切都一无是处。因此,为了获得好的人生体验,人就需要控制好情绪。能控制管理好自己情绪的人,会觉得生活中处处都是美好;而那些在生活中常常管不住自己愤怒、悲伤等负面情绪的人,则觉得生活一塌糊涂。可见,情绪控制得好有诸多益处,控制得不好则会产生不少麻烦。能控制管理自己情绪的人,情绪的表达和展示是那么的熟稔、准确、恰当,而不能控制管理自己情绪的人,则各有各的糟糕。要做到管理好情绪,首先要认识了解情绪,明白情绪的种类和它对人的影响及作用,在认识和了解的基础上,才能更好地管理,做情绪的主人。通过本节学习,使矫正对象(学习者)认识情绪,了解情绪的概念、构成要素、表现形式,以及情绪的分类。

建议课时:6 课时

认 识 情 绪

建议课时:4 课时

一、情绪是什么

关于“情绪”的确切含义,心理学家还有哲学家已经辩论了100 多年。专业而论,情绪是指伴随着认知和意识过程产生的对外界事物态度的体验,是人脑对客观外界事物与主体需求之间关系的反应,是以个体需要为中介的一种心理活动。通俗地说,情绪就是外界事物引起的内心感受,并且通过一定形式表现出来的内心活动。情绪与人的需要是否得到了满足有很大关系,当客观事物符合并满足人的需要时,就使人产生高兴、愉悦的感受;而当客观事物不符合或不能满足人的需要时,就使人产生愤怒、悲伤、恐惧等感受。情绪常常和人格、智力、动机等因素相互作用,同时受到内分泌系统和神经系统等生理因素的影响。

情绪由对人有意义的诱发事件引起,来自人对诱发事件的感受。情绪的产生,须由一些刺激事件来改变有机体的状态。诱发事件可以是外部刺激也可以是内部刺激,可以是愉快的,也可以是不愉快的,并不是所有的刺激都可以诱发情绪。达尔文认为,情绪行为是对特定事件的适应性反应。例如,恐惧是对事物的不确定性的反应。人到了一个全新的场所,接触的都是没有见过的人和物,那么,他的内心在一定程度上是会感到害怕的。愤怒是对目标被阻止的反应,就像一个或几个比你强壮的人抢劫你的财物,伤害了你或者你亲人的身体,你本想保护自己和亲人不受侵害,但是在那一刻自己却无能为力时,内心深处就有了愤怒的情绪。悲伤是对失去目标的反应。当挚爱的亲人撒手人寰,与世长辞,永远离开自己时,心里一定是肝肠寸断、伤心欲绝的,这就是悲伤的情绪。

情绪不仅是一种心理体验,还会诱发生理功能的改变。比如,情绪的变化可以使人心跳加速(在极度恐惧时,在一定安静的环境下可以听见自己的心跳声）、胃肠痉挛（极度愤怒或悲伤等情绪发生时，会引发胃肠痉挛、胃疼、肚子疼、吃不下饭）等。这种内心体验和生理反应有时难以区分，因为躯体的不适也会诱发情绪的产生及改变。情绪产生的目的，是对应激性事件作出适应性反应，为了应对应激事件，机体不可避免地要采取一定的行动。换句话说，当你害怕时，就会想办法躲避；在想办法躲避的时候，其实你的情绪表现是恐惧的。当你悲伤时，就会伤心流泪；在落泪时，其实你的情绪表现就是悲伤。因此，可以说，行为是情绪的外在表现，情绪是行为的内在动机，两者有着密切的联系。

二、情绪的组成部分

情绪每个人都有，它既是人的主观认知感受，又能带给人客观的生理反应，具有一定的目的性，也是一种社会表达，人们通过情绪的传递和表达，能获得情感上的交流。总之，情绪是人们对外界刺激的复杂反应，是一个多成分的复合过程，它由独特的主观体验、外部表现和生理唤醒 3 个成分组成。

（一）情绪的主观体验

情绪的主观体验，是指人们某种特别的感受，例如，快乐、恐惧、愤怒等都是情绪在主观意识上的独特感受，构成了情绪的心理内容，是心理活动中一种带有情绪色彩的觉知，这种独特的觉知是在意识层面上的一种感受，被称为体验。情绪的主观体验是情绪的重要成分,也是必不可少的成分。情绪过程可以在无意识状态中发生,但情绪必须要有主观意识,只有达到意识状态,才能成为一个完整的情绪。也就是说,情绪必须被个体感受到,成为一种意识状态。比如,你身在A城市,在A城市以外的某个城市发生了一件事情(如远房亲戚结婚),你根本不知道,也不知情,那么你就不可能分享这份快乐,获得喜悦的心情。或者虽然知道了,但在主观上没有形成任何的意识状态,内心平静且毫无波澜,因为这位亲戚跟你并不熟,而且平时也从来不联系,那么就可以说你在对待这件事情上没有任何的情绪体验。

(二)情绪的外部表现

情绪的外部表现,通常称为表情。心理学家认为,表情是生物进化的产物,是情绪的一个重要成分,是表达情绪的外显行为。表情行为包括神经肌肉活动和感觉反馈信号活动两部分,表现为面部的、言语的、躯体姿势的、手势的活动。

面部表情是通过眼部肌肉、颜面肌肉和口部肌肉的变化来表现各种情绪状态,它能精细地表现出人的不同情绪,是鉴别人情绪的主要标志。例如,高兴时嘴角翘起,面颊上抬、起皱,眼睑收缩,表现为微笑的状态;悲伤时眉毛收紧,嘴角下拉,下巴抬起或收紧,表现为落泪、神伤等伤心状态;害怕时嘴巴和眼睛张开,眉毛上扬,鼻孔张大等严肃、恐惧的脸部表情。

身段表情,是情绪在身体动作上的表现,包括手势和身体的姿势。例如,高兴时手舞足蹈,尴尬时手足无措,悔恨时顿足捶胸,愤怒时拳头紧握等。

言语表情,是情绪在说话的音调、速度、节奏等方面的表现。例如,人在喜悦时,言语响亮节奏快;人在悲哀时,音调低沉、吐词缓慢;人在愤怒时,音量大、急促而严厉等。

(三)生理唤醒

生理唤醒,是指情绪产生的生理反应,与其他的心理活动相比,情绪更多涉及皮下中枢,引发更多生理反应。生理唤醒是一种生理的激活水平,不同情绪的生理反应模式是不一样的,如满意、愉快时心跳节律正常;恐惧或暴怒时,心跳加速、血压升高、呼吸频率增加,以及之前提到过的,悲伤时肠胃痉挛,茶不思饭不想等。

情绪是每个人每天都会有,并且一直萦绕和影响着每个人的东西。每个人在生活中都会经历各种各样的事情,而这些事情也会引起不同的情绪反应,产生不一样的行动倾向和结果。现实生活中如此,服刑生活中同样如此,身在监狱,面对服刑改造生活,情绪对服刑人员的影响至关重要,是心情郁闷,茶饭不思,消极改造,还是平安服刑,把刑期当学期,一边为自己的犯罪行为赎罪,一边充实自己,为改头换面做新人而积极改造。这些选择都跟人的情绪有着密不可分的关系。因此,学会正确合理地表达情绪对每个人来说都具有积极的作用,只有用正确、合理的方式将情绪表达出来,才能带来明媚的心情、积极有效的行动,以及良好的情绪体验,进而保持身心健康。

矫正作业:

1. 简述情绪的概念。

2. 简述情绪的3个成分。

矫正对象将答案填写在《矫正足迹》上;社会人可以思考。

情绪的分类

建议课时:2课时

人的情绪复杂多样,分类方式也较多。《礼记》中把人的情绪称为"七情":喜、怒、哀、惧、爱、恶、欲。现代科学认为,人的基本情绪分为四类:喜、怒、哀、惧。另外,按照情绪带给人感受的不同而分,可将情绪分为积极情绪和消极情绪,或者是正性情绪和负性情绪。积极情绪,是指让人感到开心、快乐、喜悦等积极向上、乐观的情绪。它一般伴随着人类的某种需求得到满足而产生,使人有愉悦的主观体验,并能够提高人的积极性和活动能力。而消极情绪则恰恰相反,通常让人感到焦虑、紧张、愤怒、悲伤等,消极情绪常因人的某种需求没有得到满足而产生,使人有悲伤、难受的主观体验,并且会降低人的积极性和行动能力。

在日常生活中,最常见的积极情绪就是喜悦。喜悦是个体主观需要得到满足后所表现出一种心情舒畅的感受。例如,商人通过认真经营获得收益,感到欣喜;农民通过辛勤劳动获得丰收,感到满足;服刑的罪犯,通过自己积极的改造行为获得不错的考核分,以及经常得到家属的关心和会见,都会感到愉悦和高兴;人参加自学考试,获得了相应的毕业证书、资格证书后,内心会感到自豪;父母听到子女期末考试拿了班上的第一名,心里觉得很满足、很欣慰……这些让人觉得高兴、自豪、满足、快乐、愉悦的情绪就是积极情绪里的喜悦。

生活中除积极情绪外,还有消极情绪,最常见的消极情绪有3种:一是怒;二是哀;三是惧。

怒,即愤怒,一般包括敌对的思想、生理反应和适应不良的行为,它通常发生在人认为他人对自己有不敬、贬低、威胁等言行时。愤怒是人的本能,是生活中最常见的一种情绪,也是故意杀人、故意伤害等暴力性犯罪的主要诱因,还是狱内服刑人员发生打架斗殴、顶撞警察等违规违纪行为的主要原因。当人愤怒时,会脸色发红、呼吸变快、血液流动加速,很容易做出鲁莽的举动,更容易拿起武器去攻击他人;被愤怒占据的人往往会失去理智,做出一些不可思议的、冲动的行为。回想一下,当初自己伤害他人的时候,是否也是被愤怒的情绪支配?

哀,即悲哀、哀伤,通常是由分离、丧失和失败引起的情绪反应,包含沮丧、失望、气馁、意志消沉、孤独和孤立等情绪体验,悲伤程度取决于失去东西的重要性和价值大小、个体特征等。悲伤根据程度不同,可细分为遗憾、失望、难过、悲痛。持续的悲伤不仅使人感到孤独、失望、无助,甚至会引发抑郁、焦虑症,削弱个体的身体免疫功能等。在监狱服刑的罪犯,听到家里发生了不好的事情,如亲人生病、老人逝世、遭受自然灾害等时,就会感到内心痛苦、难过、受不了,这些让人感到痛苦的情绪就是“哀”。

惧,即恐惧,也称害怕、惊恐等,是人感到有危险或未知时,企图摆脱、逃避某种情景而又无能为力的情绪体验。一般而言,恐惧是面对危险时为了生存而进行防御或逃跑的本能行为,通常是对突然的响动、突然出现的陌生人、有毒动物、大型食肉动物等特定刺激的反应。当人有恐惧的情绪体验时,会表现出心跳加快、毛发直立、鸡皮疙瘩、身体颤抖等症状。侵害人在实施暴力犯罪时,受害人出现的害怕的表情、惊恐的样子,这些都是恐惧的直接体现。另外,当侵害人被抓捕以后,在接受警察的讯问和法官的审判时,其因对前途的未知而感到的紧张、担心等,也是恐惧的表现。

矫正作业:

1. 简要叙述情绪的分类形式。

2. 将生活中的基本情绪进行分类。

矫正对象将答案填写在《矫正足迹》上;社会人可以思考。

第二节　为什么要管理情绪

矫正目标：人不可能永远处在积极的情绪之中，生活中既然有挫折、有烦恼、有伤心事，就会有消极的情绪。一个心理成熟的人，不是没有消极情绪，而是善于调节和控制自己的情绪。如果一个人不能好好地管理自己的情绪，总是让情绪主宰身体，失去理智，那么就很容易作出一些冲动的事情和错误的决定，这会让他在人际交往，还有工作、生活中受到很多不利的影响，甚至犯下大错，所以人要学会管理自己的情绪，做自己情绪的主人，而不是自己情绪的奴隶。通过本节学习，让矫正对象（学习者）了解管理好情绪的好处，只要管理好情绪，便可以给人带来以下“三个有利于”。

建议课时：6 课时

管理好情绪有利于身心健康

建议课时：2 课时

一、情绪影响身体健康

医学研究显示，不良情绪会导致多种疾病。现代社会节奏快，人际交往频率高，人很容易因为工作压力、情感困扰、生活烦恼、人际交往矛盾等滋生大量负面情绪。无论是谁，只要长期受到负面情绪的干扰,就会影响其身体中的免疫系统和内分泌系统,使之无法发挥正常功能,导致身体机能下降,容易被病毒入侵,最终生病。

部分罪犯可能有这样的体验:当家里出现较大的变故,例如,亲人离世而无法见到最后一面,也不能做到最后的床前尽孝,或与同改关系长期不佳,导致自己长期处于失落、悲伤、愤怒等消极情绪中时,先是茶饭不思,难以入睡,过不了多久,就出现身体不适的症状,头痛、感冒等就开始发作,接下来还有可能让人感到身体虚弱,如消化不良、腹泻、胸闷等,但是,在申请找医生检查时却发现并无器质性的病变,那么,这就可能是消极情绪堆积在人的身上,长期难以排解而导致的免疫系统机能下降,身体健康受到影响。

情绪与人的内分泌系统关系密切。褪黑素、多巴胺、内啡肽等内分泌激素的分泌会受情绪影响,这些激素和人的饮食、睡眠等息息相关。因此,当一个人伤心、焦虑、紧张时,往往就会出现厌食、失眠、脱发等症状;一个人高兴、愉悦时,往往吃得饱、睡得香。值得注意的是,情绪需要维持在一个相对平衡的范围,如果过分高兴,心情特别激动,心跳加速,也会在一定程度上导致心脏缺血和缺氧,这种情况,会加速心脑血管的病变,损害心脏和身体健康。《儒林外史》中的《范进中举》讲的是我国古代一名叫范进的读书人的故事。当范进接到通知,知道自己高中举人之时,一想自己 35 年来的辛酸和此时此刻的喜悦,大喜之下竟然疯了。这就说明情绪无论是在极度不高兴,还是极度开心之时,都会影响和损害人的身体健康。因此,情绪影响身体健康,人要想健健康康的,就需要保持情绪的稳定,切勿大喜大悲。

情绪是一把“双刃剑”,它可能是身患疾病的罪魁祸首,也可能是治疗疾病的最佳良药。俗话说:“多愁则多病,心宽则体胖。”情绪的好坏影响人的身体健康,身体是革命的本钱,这是一个人人都认可的道理,不仅在革命时期如此,在任何时期,对于任何人都是如此。因为命都没了,就什么也谈不上了,对罪犯来说更是如此,没有死刑立即执行,就留下了一条性命,进入监狱服刑,一样需要拥有健康的身体,才能走好改造之路,做到平安服刑。在监狱服刑,如果经常被坏情绪所萦绕,那身体可能就会出现问题,吃不好睡不好,做事情打不起精神、效率低,情况严重还需要住院治疗,更是耽误学习和劳动的时间,直接导致劳动欠产、学习跟不上等,对自己的改造生活造成阻碍。可以仔细观察身边的同改,那些经常受到表扬的、考核分数在监区数一数二的改造积极分子,都拥有一个好身体,平时很少生病,身体健康,而且大多数时候都有一个好心情,要么面带微笑,要么满面春风兴高采烈。这说明,坏的情绪让人体弱多病,好的情绪也可以影响人的身体,让人更加健康。

二、情绪影响认知及个体行为

情绪会影响人的认知思维,在情绪高涨时,人思考问题易片面极端,自我评价过高,就会觉得自己无所不能,做事容易冲动鲁莽;在情绪低落时,人看问题、想事情往往只能看到消极的一面,甚至觉得一切事情都变得很糟糕,对自己的评价低,觉得自己一无是处。愤怒或悲伤情绪高涨时,人的认知会变得极端、失去正常人的理智,人会充满攻击性,进而发展成打击报复或疯狂发泄等,甚至是一些暴力伤害他人的违法行为。

情绪好比行动探测仪,也如个体行为的指挥官;遇到事情后,情绪会告诉你接下来会干什么,要怎么办,这便是情绪的信号功能和动机功能。一般来说,适度的积极情绪有助于人们获取更多的信息,加速信息的处理过程,更加全面、准确地分析当前的形势,从而创造性地解决问题。而当人处于消极情绪时,其信息获取的速率和途径受到减缓甚至阻断,导致思维闭塞,处理问题偏激,容易采取简单粗暴的方式解决矛盾,做出一些不理智的行为。

例如,2010 年大学生药某鑫在驾车途中,将同向行驶的电动车驾驶人张某撞倒。药某鑫由于内心恐慌、害怕,担心被撞者张某以后会无休止地来找自己索赔,于是从随身带的包里取出一把单刃刀,向张某连捅数刀,然后驾车逃跑,后被周围的村民堵住并被公安机关抓获。最终法院审理认为,被告人药某鑫开车将被害人张某撞倒后,为逃避责任而杀人灭口,持尖刀捅刺被害人胸、腹、背等处数刀,将被害人杀死,其行为构成故意杀人罪,药某鑫被判处死刑。

试想,如果他当时能控制住自己的情绪,及时拨打“120”进行救护,并通知交警及保险公司到现场,该急救的急救,该定责的定责,该赔偿的赔偿,又或是冷静下来,及时救助被撞的张某,然后打电话给家里人来处理,那么也就不会做出这样鲁莽、冲动、极端的事情,让自己和张某都失去了生命,让两个家庭陷入悲痛的境地。

情绪还会影响人对自身的评价。当人处于消极情绪时,自我认知会受到那些消极情绪的干扰,降低对自己的评价,作出“我就是不行”“我就是失败的”“我没有能力”等这样的评价。消极的情绪会使人长期处于低迷状态,把生活或工作中的小挫折无限放大,并联想到因此而导致的种种可怕后果,进而产生自暴自弃的想法,变得极为自卑和失落。比如,有的服刑人员因为身患疾病、家庭变故等原因,积累了大量的负性情绪,自我评价很低,有了“刑期比命长”“生不如死”之类的消极想法,甚至产生自伤自残、自杀的念头。当服刑人员处于积极情绪时,自我认知也会受到积极情绪的影响,提高对自己的评价,产生“今天的我就是比昨天的我进步了”“我会越来越好”“烦心的事情早晚会变好的”“只要把刑期当学期,充实服刑生活,就能平安服刑”等正面的想法,这些正面的想法和认知又反作用于服刑人员,让其拥有好的、积极的情绪,进入新的良性循环。因此,当我们意识到自己的消极情绪爆棚时,就要学会排解和宣泄,避免受此影响而做出一些不理智的行为,尽可能地让消极情绪停止下来,逐步转化为积极情绪,从而有利于人的身心健康。

矫正作业:

1. 简述为什么情绪会影响人的身心健康。

2. 简述情绪除影响人的身心健康外,还会影响什么。

矫正对象将答案填写在《矫正足迹》上;社会人可以思考。

管理好情绪有利于罪犯积极改造

建议课时:2 课时

一、管理好情绪有利于减少冲突

冲突,是指人与人之间客观上存在利益、观念、文化等方面的差异,使在来往过程中产生形式各异、程度不同的矛盾和纠纷,在监狱中服刑改造,不可避免地会产生各种矛盾和遇到各式各样的冲突。情绪具有影响动机和行为的功能,对人的行动起到发动、促进和调控的作用。情绪低落或情绪高涨都可能导致冲突的产生,情绪控制不好还可能导致冲突的升级。如果情绪管理得好,就能帮助人作出理性的分析和思考,不会因为一点小事情就与他人争论不休,甚至动手暴力伤害他人,也就避免了和他人产生冲突。当情绪得到控制时,就算已经和他人发生了冲突,也能使冲突在一定范围内得到缓解,或者不会致使冲突升级,总之,不会生出大的事端。如果不能很好地管理情绪,就很容易与他人产生冲突,甚至导致冲突的升级。例如,人在愤怒情绪的影响下,常常控制不住自己的“手劲”“脚力”,说话大声,用力过猛,进而产生过激的行为。事实上,愤怒的情绪已经扭曲了人对现状的判断能力,让其失去对自己的控制,只会用“拳头”“棍棒”等暴力来解决问题,这就是人们常说的“愤怒冲昏头脑”“冲动是魔鬼”,一旦没有控制好情绪,反而被愤怒这些激动的、负面的情绪所控制,最终很有可能直接导致违法犯罪,造成一生无法弥补的遗憾。

在社会生活中,人们很容易因为管理不好情绪而发生矛盾、引发隔阂、产生冲突,在监狱里更是如此。服刑人员因时刻处于一个封闭的羁押环境中,长期积累的负性情绪(如焦虑、紧张、恐惧、烦躁、愤怒、悲伤等)一旦无法得到合理释放,又不会正确管理控制情绪,就很容易被负性情绪支配,做出不理智的行为。例如,有的罪犯可能因为过分焦虑、烦躁,因为一点小事情就大发脾气,然后又控制不好自己愤怒的情绪,对身边的同改口出恶言,严重时甚至打架斗殴,演化为狱内暴力伤害案件。

一个情绪不稳定的人,动不动就会生气,还时常吼人、骂人,看什么都不顺眼,觉得做什么都不顺利,似乎这个世界上的一切都在和他作对,这样的人特别容易与他人发生冲突,且做事常常不计后果,让人敬而远之。如果我们对自身的情绪能进行有效的管理,做一个情绪稳定的人,就不会因为一点小事和他人大吵大闹,不会让人觉得自己是一个喜怒无常的坏脾气,就能减少和他人的冲突,也就能避免很多的矛盾和纷争。

二、管理好情绪有利于维护和谐的人际关系

管理好情绪有利于维护和谐的人际关系,从根本上来说,这就是情绪的适应功能。人的个体通过情绪和情感引起生理反应,发动身体的能量,使个体处于适宜的活动状态,从而适应环境的变化。通俗地讲,就是情绪能帮助人与他人进行沟通和交流,维护和谐的人际关系。

很多时候我们都有这样的感受,那些时常面带微笑、阳光向上、待人友善、充满正能量的人,往往更受人欢迎。而那些时时愁容满面、充满阴霾、动不动就发脾气骂人、身上充满了负能量的人,往往令人避而远之。

一个人如果长期处于抑郁、悲伤、暴怒等消极情绪中,那么他很容易从情感上伤害他人,与他人产生矛盾,逐渐会变得不受大家欢迎,时间一长,其与人沟通、交流、合作也都变得困难,最终导致人际关系越来越差;而当一个人时时处于积极情绪时,则比较容易注意到事物美好的一面,与人说话时态度也会趋于和善,乐于助人,勇于承担重任,受人欢迎,大家喜欢与他共事,这种人能与人友好交往,人际关系越来越好,处理人际关系的能力也会越来越强,进入一个良性循环。

情绪还会互相影响,在人际交往中,一个人的情绪能给他

周围的人带来不同的情绪体验,当他热情友善,侃侃而谈时,朋友们都会跟着高兴开心,好的情绪能给身边的人带来轻松快乐;而当一个人愁眉苦脸,指天骂地,逮谁怼谁时,朋友们都避之不及,心中充满恐惧和焦虑,生怕被他无端指责,坏的情绪会让周围的人心情郁闷。没有人希望自己身边的朋友喜怒无常,或是悲观消极,仿佛生活看不到希望一般,因为大家知道,这样的负性情绪随时随地都会伤害自己。因此,当一个人负性情绪缠身的时候,不仅伤害自己,身边的人也会逐渐远离他,而这种疏远又会使他变得更加悲观,错误地把自己的格格不入看作他人的过错,甚至难以接纳周围的一切,最终也难以被他人接纳,如此恶性循环,人际关系越来越差。

在现实生活中,需要调整自身的情绪和行为,使自己的情绪和行为与情境相匹配,来与周围的人和谐共处。在监狱更是如此,管理好情绪可以减少冲突,维护和谐的人际关系,对于身处监狱的罪犯来说,更需要学会和管理好自己的情绪。监狱不仅环境相对封闭,而且人员构成复杂,从地域上来看,服刑人员来自四面八方,甚至外国人都有,各地风俗习惯也有所不同。另外,从犯罪行为来看,因不同罪名被判刑入狱的人也各式各样。就是在这样一个特殊的环境中,大家或多或少都会有担心、焦虑、恐惧、哀伤、愤怒等负性情绪,更容易发生冲突,并且这样临时性的人际关系也更让人难以相处。在日常的服刑改造中,服刑人员不得不面对性格脾气都不一样的同改,他们在劳动、学习、生活中不可避免地会有摩擦,会因为琐事而产生矛盾,这就更加需要服刑人员培养自己对情绪的管理能力,让自己处在良好的情绪中,多给周围人微笑、少给周围人怒气,多给周围人愉悦、少给周围人忧郁,用自己良好的情绪促进人际关系的和谐,努力维护良好的人际关系。这样对于每一名服刑人员的服刑改造生活,都能起到非常积极的作用。

矫正作业:

1. 简要概述情绪对人际关系的影响。

2. 管理好情绪在社会中能带来什么好处?

3. 为什么管理好情绪更有利于积极改造?

矫正对象将答案填写在《矫正足迹》上;社会人可以思考前两个问题。

管理好情绪有利于罪犯的再社会化

建议课时:2 课时

每个人都会有情绪,但是暴力型罪犯以及少数控制不住自己脾气的人的负性情绪通常比较极端,如暴怒不止、焦虑过度、烦躁万分,如果这些极端的情绪不能得到很好的管理和控制,一旦遇到事情往往就会动手,发生伤人伤己的情况,服刑前伤害自己的同伴及身边人,服刑时会伤害同改,刑满后会伤害无辜群众。因此,服刑人员要做到学习了解情绪的有关知识,并能利用情绪相关的知识来管理自己的情绪,打好情绪管理的基础,有利于现在的日常服刑改造和将来的社会生活,进一步说,一个好脾气而且情绪稳定的人不仅能在监狱平安服刑,而且在刑满之后,也会更加容易融入社会。

俗话说:“吃一堑,长一智。”每名服刑人员都需要对自己的犯罪行为进行深刻剖析和反省,想想自己为何会走上违法犯罪之路,这样才能更好地认识自己,认识错误,确保今后不会再犯同样的错误,不会在同一个坑里跌倒两次。暴脾气的人同样如此。大部分的暴力侵害公民生命健康型罪犯就是由于当初没有控制好自己的情绪而导致犯罪,来到监狱服刑后,就要深刻地反思和反省,要通过学习和矫正,在改造过程中学会管理自己的情绪,这是一门必修课,努力做一个情绪稳定的人,回归社会以后不要重蹈覆辙。无论刑期长短,每名服刑人员都要积极认真地参加矫正,认识到自己的犯因,改掉身上的恶习,做到有所收获。这一点对于社会人也尤为重要,可以随时随地反思自己的暴脾气,正视它,反省它,找准根源,通过学习改变自己。

在日常生活中,要懂得情绪的重要性;服刑人员在服刑改造期间,要明白情绪的重要性。培养健康的情绪,保持情绪的稳定,不仅是每个人的心理健康目标之一,这也是罪犯心理健康的目标之一。健康稳定的情绪不仅有助于提高人的心理活动效率和身心健康水平,也有助于其更好地适应监狱;管理好情绪能让自己正确面对和处理生活中、服刑改造中遇到的各种问题，不会被一点小事左右自己的情绪，也不会因为不良情绪而做出不适宜的行为。打好情绪管理的基础，就能收获良好的人际关系，更好地适应社会，发展自己的事业，享受自己的生活等。同时，对于服刑人员而言，刑满回归社会后，也能更好地管理自己的情绪。

罪犯罗某，曾是某省体校的一名学生，身体强壮。2007 年 6 月 15 日，罗某和几个朋友在一起吃夜宵时因赌气与他人发生冲突，情绪失控而将他人打伤致残。2008 年被捕，因故意伤害罪被判处有期徒刑 10 年，2008 年 8 月进入某监狱服刑。

刚入监时，罗某情绪极不稳定，内心时而压抑，时而烦躁不安，经常因鸡毛蒜皮的琐事与其他罪犯产生矛盾，发生冲突，甚至顶撞警察，很难适应监狱的生活。有一段时间他还常常把自己孤立起来，不愿与他人相处，而且由于情绪管理不好，情绪不稳定，罗某做事鲁莽冲动，多次违规违纪，导致被关禁闭、降级。此后，他的情绪更是焦虑，经常寝食难安，整个人陷入了一个负面情绪的恶性循环中走不出来。

监区警察看在眼里，急在心上，多次找罗某谈话，刚开始罗某不以为然，且戒备心又重，一度认为自己是“江山易改，本性难移”“就是这个脾气改不了”“我只是急性子，根本没有情绪问题”，后来通过警察耐心的教育，罗某终于了解到情绪对人的影响，认识到情绪的重要性，知道了自己改造不顺利的根本原因是自己不会正确地管理情绪。后来，罗某尝试了一些情绪管理的方法,从对人微笑到遇事冷静不急躁,逐渐学会了使用正确的方法对自己的情绪进行管控,一步一步地走出了负面情绪的囚笼,每天都有一个好心情,改造也变得积极乐观了。

出狱后的罗某总结了服刑时的经验,慢慢学会了管理情绪的方法,在家人的支持下,经营起一家小吃店,每天都对客人笑脸相迎,有时遇到不太友好的顾客找麻烦,也能控制好自己的情绪,妥善处理问题。因为罗某待人处事较为友善,他的小吃店经营得红红火火。试想一下,假如罗某执迷不悟,也不听规劝,不改变自己的暴脾气,就算磕磕绊绊混到刑满出狱,开个小吃店,每天都板着脸对待进店的顾客,顾客多问几句他就嫌人麻烦,大骂顾客。假如你是顾客,还会光顾这家小吃店吗?这生意还能做得红红火火吗?罗某的案例是一个典型的暴力型罪犯学习管理情绪的成功案例,既改变了服刑期间的处处不顺利,又成就了自己刑满后的小吃店生意,罗某之所以成功,实际上是因为罗某学会了有效的情绪管理方法,并将之运用在实际生活之中。这充分说明了情绪管理的重要性,在监狱服刑期间管理好自己的情绪,其实就是在为自己刑满后重回社会打基础。

把刑期当学期是一种理念,要付诸实际行动。既然到监狱服刑,除赎罪以外,还要有所收获,通过服刑改造、教育和矫正,学会管理自己的情绪,这对服刑人员来说就是收获,而且非常有利于他们在刑释之后更快、更好地适应社会,避免因为自己的坏脾气、坏情绪再次违法犯罪,大大降低了重新犯罪的风险。

如果暴力型罪犯以及脾气暴躁且无法自控的社会人对自己的情绪缺乏必要的管控,完全受情绪的驱使,就会产生不理智的情绪化行为,轻则与人产生矛盾纠纷,大吵大闹,损害人际关系,重则发生打架斗殴等狱内伤害案件,触犯法律法规。因此,要打好情绪管理的基础,学会管理自己的情绪,在社会上平安生活、平安工作,在狱中努力做到平安服刑,逐渐改变自己,不再因为情绪失控做出一些冲动鲁莽的事情,这样才算得上洗心革面,为重获新生做好充足的准备。

矫正作业:

1. 管理好情绪对融入社会能够起到什么作用?

2. 管理好情绪对自己回归社会有什么作用?

矫正对象将答案填写在《矫正足迹》上;社会人可以思考第1题。

第三节　如何管理情绪

矫正目标:情绪是普遍存在的,每个人都有情绪,所以每个人也都或多或少、自觉不自觉地管理过自己的情绪,其实管理情绪也有诀窍和窍门,通过系统地矫正学习是可以掌握这些关键点,更好地管理情绪的。因此,学会如何管理情绪就是重点中的重点,从犯罪事实上来看,之前冲动鲁莽的犯罪行为已经充分证明,暴力型罪犯更加需要学习如何管理情绪。学完本节,矫正对象(学习者)应当掌握基本的情绪管理方法和情绪表达方法,学会有效地管理情绪。

建议课时:18 课时

什么是情绪管理

建议课时:2 课时

也许会有人说,我根本不知道,也不会什么情绪管理,或者说,知道自己的情绪管理不好,但我就是这个样子,改不过来。事实上,情绪不但可以管理,而且稍加科学的管理还会有显著的效果。因为与那些不可改变的天灾人祸相比,改变和掌控自己的情绪要更加容易,一旦下定决心改变情绪,收到的效果也几乎是立竿见影的。

古希腊哲学家亚里士多德在《伦理学》中说过:"任何人都会生气,这很简单。但如何选择正确的对象,把握正确的程度,在正确的时间,出于正确的目的,用正确的方式生气,这却不简单。"这句话说明了情绪管理的重要性,每个人都有情绪,但是要能合理合情、因人因地、适时适度地表达出来却是有难度的,因此才需要学习情绪管理。

所谓情绪管理,是指通过研究人的个体对自身和他人情绪的认识,充分挖掘与培植个体和群体的情绪智商、培养驾驭情绪的能力，从而确保个体和群体保持良好的情绪状态，并由此产生良好的管理效果。简单地说，情绪管理是对个体和群体的情绪进行感知、控制、调节的过程，其核心是使人的情绪得到合理的表达，人的价值得到充分体现；是从尊重人、依靠人、发展人、完善人出发，提高对情绪的自觉意识，控制情绪低潮，使人保持乐观心态，不断进行自我激励、自我完善。

我们所讲的情绪管理包括“临时管理”和“长效管理”。“临时管理”，是指短暂的、针对某时某事的情绪管理，可发生于熟人之间，但更多发生在陌生人之间，它包括觉察情绪、理解情绪和表达情绪 3 个方面。例如，当你独自一人去旅游，购票时售票员你不认识，但是售票员的情绪可能会影响你。在购票交易时，如果售票员当时的情绪不好，愁眉苦脸，态度恶劣，而且在递票给你的时候，完全是把票丢到你的手上。此时，你本来旅游的好心情可能就会被临时感染，变成了坏心情，情绪的临时管理就应该启动起来，及时制止负性情绪蔓延，在心里告诉自己，不要与这位售票员计较，可能他(她)今天家里遇上什么麻烦事了，谁没有个麻烦事呢？再说了，我来这里旅游是要一个好心情的，不值得为了一件小事弄得自己不开心、不高兴，而应互相谅解。对于上述这种短暂的，针对特定时间特定事件的情绪管理就是情绪的临时管理。

而“长效管理”，则是指长期的、针对许多人许多事的情绪管理，本节所指的情绪“长效管理”更多是针对长期存在的负性情绪进行管理。就“江山易改,本性难移”这句众所周知的谚语来说,情绪的长效管理就是根据不同的负性情绪,从而系统地设计一些针对性措施,养成一些正面的、好的情绪习惯,让人逐渐地改掉长期以来负面的、让人不高兴不开心的、坏的“本性”,这就是情绪的长效管理。

所谓的临时管理与长效管理并不是一分为二的,而是相互依存、相互制约的。临时情绪管理得好,则长效管理会受到相应的促进;长效情绪管理得好,一旦下决心彻底改变自己,那么情绪的临时管理也会受到良性影响,不慎被负性情绪包围的时候,也能冷静控制和缓解。

当人经历了某些事情后,内心就有可能会压抑或积累较多的负能量,此时,可以通过一些方式方法来排泄心中的情绪“垃圾”,使情绪回归到一个正常的状态,让人不会被负性情绪所主宰和控制,而做出一些害人害己,甚至违法犯罪的事情。例如,被判刑入狱,没人会因此开心不已。另外,在被判刑后,进入监狱服刑,又遇上了让自己觉得讨厌的同改,接二连三的不顺,很容易让人压抑到极点之后爆发。此时,需要的就是情绪的“临时管理”和“长效管理”,长效管理可以让人在漫漫的刑期之中保持一个正常的情绪,做到平安服刑、平安刑释,平安回家。临时管理可以让人冷静地应对临时突发的坏事情、坏消息和坏情绪,确保人不会陷入负性情绪的旋涡不能自拔,从而做出冲动的傻事。

无论是什么人,都应该学习情绪管理。一个懂得自我情绪管理的人,会消除不良情绪,延续积极情绪,从而使自己保持好的心态。心态好,遇到任何事情都能够乐观面对,自然就会每天收获一份好心情,有了这样的情绪状态,难事不难,一切都尽在掌握中。因此,完成第一步,学懂弄通什么是情绪管理尤为重要。

矫正作业:

1. 简要说明什么是情绪管理。

2. 情绪管理分为哪两种管理模式?

矫正对象将答案填写在《矫正足迹》上;社会人可以思考。

临时情绪管理

建议课时:8 课时

人具有社会性,从人类的老祖先那会儿开始,就懂得通过群居来应对来自大自然的危险。既然人是社会群体性的,就需要与其他人进行交往,学会与他人和谐共处。在与他人交往的过程中,人都会产生情绪波动,这就需要知道自己经历了什么,当前的情绪是怎样的,也要学会识别他人的情绪,知道他人的情绪状态是怎样的,只有做到知己知彼,才能把握好自己可能出现的生理、行为反应,也才能有的放矢地去应对每一种具体的情境,更好地与人相处。

我们要学会管理情绪,避免因情绪的波动而与他人发生冲突或矛盾。在临时的情绪管理中,需要通过3个方面来掌握情绪管理的方法,即觉察情绪、理解情绪和表达情绪。在这一过程中,觉察情绪是基础,这是对自己和他人当前情绪状态的感知和识别;理解情绪是对情绪的分析和判断,把握情绪发展的方向和强度;表达情绪则是情绪的展示和流露,有助于自我表达和让他人觉察自己。

一、觉察情绪

(一)什么是觉察情绪

觉察情绪,是指了解自己和他人内心的一些想法及心理倾向,即当某种情绪刚一出现便能够察觉,它是情绪智力的基础部分,是一个人情商的体现,一个人能否准确地觉察和识别情绪,是他能否有效地管控情绪的关键性因素。觉察情绪包括觉察自己的情绪和觉察他人的情绪。

情绪是产生动机和行为的基础,能诱发并驱动行为。若要进行情绪管理,最重要的就是要能够正确觉察自己和他人的情绪,这是进行情绪管理的基础,如果不能够正确地觉察情绪,就会让自己作出错误的判断,后续行为就可能偏离轨道。

(二)怎样觉察情绪

1. 觉察自身的情绪

觉察自身的情绪,就是要识别和区分各种各样的情绪,包括好的、坏的、不好不坏的所有的情绪。当我们产生情绪时,表示生活中有事件刺激到我们的心理,使情绪产生了一些波动,这时就要引起注意,学会识别和判断情绪,如果是不良情绪,就要学会宣泄和排解,避免因为不良情绪而与他人发生矛盾和冲突;如果是开心高兴,也要记着切不可得意忘形、乐极生悲,要适度地进行情绪控制。

比如,当某个人的言行让你感到不舒服时,自我情绪的觉察可以给意识一个重要的信号:你可能要发脾气了,那么接下来就要注意控制自己的言行举止。又如,在狱中服刑的服刑人员,当通过电话或者信件等消息,知道了家中亲人生病住院,这个时候,由于在监狱服刑,服刑人员的自由已经被剥夺了,不能离开监狱,与外界的联系同样受到限制,就算打个电话回家也需符合相关规定。但是,他又担心家中的亲人,是否病重,是否有足够的医疗费用,是否能见到亲人最后一面等,这些事情都无法解决,因而一定会感到更加担心焦虑,整个人都会烦躁不安,站也不是,坐也不是,更不能安心改造,心里又急又烦,甚至感觉自己全身都是刺,谁也不能惹他,不然就会像炮仗一样,一点就炸。一旦服刑人员觉察到这种心理的变化后,说明其已经知道自己情绪的好与坏了,对情绪也能进行识别和判断了,那么接下来服刑人员就应该让自己冷静下来,进行思考,想一想自己应该如何做才是对的。第一,冲动肯定不行,一旦发生冲突,违反了监规纪律,受到的惩罚可能会延后自己刑满释放的时间,而且这样做对于在外住院的亲人毫无用处,还可能让亲人多一份对自己的担心。第二,就应该冷静下来,看看自己是否符合拨打亲情电话的要求,能否给家里打个电话,或者写信给家人,把自己的牵挂送出去。第三,劝慰自己凡事往好处想,现在的医疗技术越来越发达,亲人的病一定能治愈,就算无法治愈,自己现在这个状况也不能改变什么,只有积极改造,争取早日刑满出去,珍惜活着的人等。另外,还可以通过打篮球、跑步等方式来缓解自己的焦虑情绪,找自己的责任警官或监区领导谈谈话,倾诉一下烦恼也是不错的选择,让自己暂时忘记烦恼,避免心情焦躁而做出一些违规违纪的行为。

若我们能察觉到情绪的产生并认知情绪的种类,不仅可以避免情绪的突然爆发,还可以有针对性地对情绪进行管理。因此,要时时提醒自己:"我现在的情绪状态是怎样的?"特别是当我们受到某些事件的刺激,发现自己的异常情绪时,就注意回避一些不合时宜的场合,推掉一些应酬、聚会,选择合理的方式让自己的情绪回归稳定,尽量避免与他人针锋相对,防止因情绪问题而与他人发生矛盾和冲突,甚至违法犯罪。

现实生活中经常会有这样的例子:刘某是一名公司职员,某天上班时,老板查看了上周安排刘某做的销售方案,发现方案中有很多不满意的地方,于是就批评了刘某,刘某被批评后心情特别低落,心里一直憋着一股气。下班后,刘某接到朋友的电话,约其晚上一起吃夜宵。刘某认为自己心情不好,担心和朋友一块吃夜宵时话不投机,于是就找了个借口说自己晚上要带孩子去看电影,婉拒了朋友的邀请。同时,刘某也不想把坏情绪带给家人,于是,在下班后就到操场跑了几圈,通过运动的方式排解了心中的负性情绪才回家。

在这个例子中,刘某就是一个善于觉察自己情绪的人,当觉察到自己的不良情绪时,就及时作出了判断,刻意地回避一些场合,避免将不良情绪带给他人,或者因不良情绪爆发而与他人产生不愉快。

觉察情绪是管理情绪的基础,在经历了某一事件,或在一段情绪过程之后,我们可以适当反思一下自己的情绪变化,进行经验总结与思考,思考的问题可以是:我为什么会有这样的情绪、产生这种情绪的原因是什么、这种情绪造成了什么后果、今后应该如何消除类似情绪等。通过对这些问题进行总结、分析和判断,也可以帮助我们更好地觉察自身的情绪。

2. 觉察他人的情绪

“自知者明,知人者智”,意思就是说能觉察自己情绪,了解自己的人算是聪明人;而善于了解他人,知道他人所想,则是具有高情商的表现。这类高情商的人在社会交往活动中往往能够根据对方的行为举止、语言谈吐等识别他人的情绪,并采取相应的对策,因而在人际交往中很容易获得成功。那怎样才能准确地觉察他人的情绪呢?简单来说,可以观察他人的表情,具体包括面部表情、身段表情(身段表情,是指情绪在人身体动作上的表现)和言语表情等,也可说成“两看一听”,即看面容、看身段、听言语。

看面容——当人高兴时,嘴角会不自觉地翘起,面颊上起皱,眼睑收缩,眼睛尾部会形成“鱼尾纹”,简单来说,就是发自内心的笑容;伤心时会眯眼,眉毛收紧,嘴角下拉,下巴抬起或收紧,明显的表示就是哭泣;害怕时,嘴巴和眼睛张开,眉毛上扬,鼻孔张大,眼神表现为四处张望;愤怒时,眉毛下垂,前额紧皱,眼睑和嘴唇紧张,瞪眼,盯视,面色不善;厌恶时,表现为嗤鼻,上嘴唇上抬,眉毛下垂,眯眼,不屑地浅笑;惊讶时,下颚下垂,嘴唇和嘴巴放松,眼睛张大,眼睑和眉毛微抬。

看身段——这是指通过观察当事人的身体动作来判断其情绪。当事人的身体动作常常不由自主,很少具有欺骗性,所以观察肢体语言有时要更准确。比如,人在焦虑不安、心烦意乱、害怕时会来回走动、搓揉双手;身体向前倾表示对当前发生的事情比较注意或感兴趣,向后靠则表示不感兴趣或放松;点头预示着同意或者表示明白了、听懂了,摇头则表示不同意、不相信、不明白;打哈欠则表示有点厌烦或者无聊、疲惫;抬头挺胸是自信、果断的表现,低着头,埋着脸,避免正视前方,说话小声小气则是不自信、优柔寡断的表现;抱臂则表示漠视、不欣赏、拒绝,是一种旁观者心态;拳头紧握,身体紧绷,代表此时十分愤怒。

听言语——言语是人类所特有的表达情绪的手段,通过言语不仅可以知道说话的内容，还能判断说话人的情绪状态和言外之意。例如，特别大声表示愤怒、急躁，呻吟或抽泣表示痛苦，尖锐的叫声表示惧怕，激动时声音高且尖、语速快，说话结结巴巴、语无伦次或者说话声音很低时多半是缺乏自信，语气平稳且说话声音稳定适中表示冷静和情绪稳定。

每一个拥有良好人际关系的人，都是善于察言观色、善于察觉他人情绪并作出有效反应的。察言观色，就是觉察情绪的一种方法，是对对方的语言、手势、表情、眼神、说话的口吻等进行细心观察，观察这些方面可以得到很多信息，可以通过分析这些信息来获取当事人的情绪状态。此外，中国人是比较含蓄的，有时候表达不会太过于直接。比如，心里想着如果你这样做就会让我很开心，可表面上却推辞说你不必这样做。但是，其行为表现就会透露出其真实的意图和想法。因此，某些没有明显说出口的潜台词有时甚至比嘴上说的更重要，仔细观察他人的各种表情，才能懂得对方真正想表达的意思，才能觉察他人真正的情绪状态，以做出适宜的行为。比如，徐某想要到朋友王某家和王某商量事情，在提前打电话的过程中，徐某注意到王某语气烦躁、情绪低落，尽管王某表面上说，有时间，可以来家里，但是，当觉察到王某的负性情绪较大时，徐某就感觉现在去王某家是不合时宜的，要等他情绪好的时候再去找他商量，效果才会更好，于是徐某就及时找了一个理由，说自己临时有事，改天再去王某家拜访。从这个例子中就能看出，徐某是一个善于觉察、识别他人情绪的人,在电话沟通这个过程中,他从王某的语气中就得知了王某情绪不好,然后及时调整了自己的行为,既避免发生尴尬甚至冲突的局面,又能确保自己要商量的事情在另外一个好的时机成功进行。

同样的信息,不同的人在表达时会有很大的差异:有些人对喜怒哀乐从不掩饰,情绪挂在脸上,稍有不高兴就能看出来;有些人习惯以不动声色来掩饰自己的情绪,经常面无表情,需要通过其他方面来判断他的情绪状态;有些人则喜欢反过来表达情绪和情感,说反话等。因此,要识别他人说的话,是正话还是反话,是暗语还是明语,重要的一点就是了解说话者一贯以来的表达方式与表述习惯,再与之当前的表述和动作作比较,从中体会其真正想要表达的意思。与周围的人相处时,还要懂得制造气氛,学会引导话题,当他人不太方便或者情绪不好时,就要懂得适时停止,再另外找时间和地点进行沟通,不要只顾自己"尽情发挥",而忽视了他人的情绪状态,造成不愉快的结果。比如,在服刑改造中,当知道同改有很长时间没有会见,也联系不上家人时,就应该多给他一点关心,千万不要在他面前大肆地讲自己会见的事,避免勾起他的伤心事;当感觉同改情绪不好,急躁、悲伤、愤怒的时候,要么劝慰,要么远离,千万不要哪壶不开提哪壶,甚至火上浇油,以免刺激对方,让其负性情绪爆发,这可能会让自己受到攻击。

二、理解情绪

理解情绪，就是在觉察情绪的基础上进一步梳理和解析情绪，通过梳理和解析进而判断自己或他人当下处于何种情绪之中；初步分析自己或他人为什么会有这种情绪；当下的这种情绪反应或者情绪回馈是否在自己的预期之中；若不在预期之中，那偏差有多大，为什么情绪反应会产生偏差；通过这些判断和分析，为接下来自己该如何表达情绪作出较好的反应与回馈，奠定一个理性的态势。

理解情绪也是情绪管理中较为关键的一步，在觉察到自己和他人的情绪以后，只有正确地理解了这些情绪，才能更好地进行表达。总体而言，理解情绪包括认识情绪、分析原因、判断走向和确定对策等方面。

认识情绪，就是根据情绪的分类，大致地对自己或他人当下的情绪进行判断与识别，分析情绪的类别。简单地说，就是正确识别自己或他人的情绪状态，是高兴还是不高兴，程度是怎样的。根据实际情况，将情绪状态进行恰当的划分，以此更加准确地识别与把握自己或他人当下的情绪。

其实，在生活中我们所体验到的情绪并不是单纯的愤怒、喜悦或是悲伤，而是各种感受的综合。比如，在与久别重逢的老朋友相聚，我们会感到很快乐，同时会因为好久不见以及今后何时再见而感到或多或少的感慨和伤感。“我非常生气”“这事情太让人伤心了”“今天真是开心得飞起来啦”,这些话语代表着不同类型的情绪。认识情绪并不复杂,因为每一件事都会引发人的不同感受,总有一种主导情绪会让我们明显地感受到,再加以识别和判断,就能正确认识情绪。有时候,我们所感受到自己或是他人的积极或消极情绪,可能还掩盖着其他真实的情绪。比如,在难过的时候强颜欢笑,在开心的时候假装悲伤。所以在认识情绪时,我们需要仔细观察和了解,避免作出错误的判断。

分析原因,就是在认识情绪的基础上,进一步分析情绪背后的原因,是什么原因导致了这些情绪的产生。通过分析,为接下来判断走向和确定对策打下基础。例如,当人被激怒时,有可能会被愤怒的情绪冲昏头脑,做出不理智的过激行为,事后又后悔不已。如果此时能够先冷静分析愤怒的原因,如在脑海中问自己:“我在气恼什么?是什么让我如此恼火?”随着对这些问题的思考,找到并分析愤怒情绪产生的原因,并根据分析将可能解决问题的方法进行罗列,选择其中较为理智、恰当的方法去解决问题,就可以使激动的情绪反应得以平静,避免出现过激的情绪反应行为。

此外,为了更好地理解他人的情绪,与人和谐共处,我们也需要分析他人情绪产生的原因。在分析他人情绪的原因时,需要理解他人的处境和心情,换位思考,站在对方的立场考虑问题。但是,给他人的情绪分析原因要比分析自己情绪的原因复杂和困难得多，因为，有时我们很难真正理解他人的处境和心情，一般情况下都喜欢习惯性地按自己的思维进行推断和猜测，并主观地认为他人必须这样做。其实这本身就是一种很不合理的想法，在心理学上也有专门的解释：个体以自己的意愿为出发点，认为某一件事物必定会发生或不会发生，它经常与“必须”“一定”这类字眼联系在一起。这种把关注点放在自己的思维框架内进行推论，而没有做到“同理心”，即没有站在他人的角度和立场考虑问题，往往就会误解对方的情绪表现，甚至还会作出错误的判断和反应行为。比如，有时候，身边的人丢失了一个物件，就表现得很难受，我们会错误、习惯性地认为对方情绪反应过大，那么一点小事就大吼大叫或是伤心不已，至于吗？不就这点小事嘛。也许，对我们来说是小事，但对他人来说可能就是大事。因为我们仅仅是根据物件来判断价值，却不知道这个物件对于他人来说可能是某位有特殊关系的亲人所送，或者代表着什么特殊的意义。因此，我们在理解、分析他人情绪时就需要克服自己绝对化的不合理信念，站在对方的立场上来考虑问题，这样一来，就能更准确地理解对方的行为，更精准地分析对方的情绪。

生活中也经常有错误分析他人情绪的例子，每个人在社会中都扮演着自己不同的角色，长期生活在自己熟悉的圈子中，就容易形成定式思维，仅凭细节就作出主观的判断，这往往就会导致理解情绪时出现偏差，得出主观的错误结论。这是一种不合理的思维方式,叫作过分概括化,即从一个很小的点就推论出全部,而这样的推论是不符合逻辑以及实际情况的,类似于用书的封面来判定它内容的好坏,或者看到一个标题,没有看内容就推断其内容不好。这种认知错误常常会把“有时”“某些”过分概括化为“总是”“所有”等,比如,在一般情况下看见一个人长相凶恶,就主观地认为所有这种面相凶恶的人都是不好相处的。当他人做的事情不符合自己心意的时候,过分概括化的不合理信念就会让人觉得对方“一无是处”“一文不值”。例如,某人有一个关系很好的朋友,为人勤奋诚恳,老老实实,每件事都努力做得很好,并且对他照顾有加,很珍惜他们的友情,但是如果朋友有一件事做得不如他的意了,他就觉得这个朋友一文不值、一无是处,一点都不站在自己这边。又或者你是一个热心肠,经常帮助他人,帮人 99 次了,而第 100 次时,你自己突然有其他事情或者其他想法,没有帮忙,那些有过分概括化的不合理信念的人就会觉得你做事不厚道,平时都是你帮忙,凭什么你现在就不帮忙了,你不帮忙就是你的错。上述这些都是错误的、不合理的思维方式,非常不利于我们正确地理解自己和他人的情绪。因此,当我们在进行情绪原因分析时,就需要更加理智,不过分概括,才能作出合理的分析和判断,正确地理解情绪,复杂的矛盾也就能迎刃而解了。

判断走向和确定对策在理解情绪的过程中常常是连续完成的,在分析原因的基础上进一步判断情绪的强度,并分析可能出现的结果，根据对结果的推测，确定自己接下来的对策，并对自己的言语和行为作出适当性的调整，这就是临时管理情绪的精髓之所在。比如，当自己觉察到一个人的愤怒时，首先就要判断其愤怒的强度是怎样的，如果只是一般的发火，说话语气跟平时无多大差异，就可以判断可能这一情绪只是短暂的，强度较轻，只要让其稍加冷静，适当给予安慰就能缓解；如果这人已经勃然大怒，语气声音压不住，开始吼叫，甚至出现乱摔乱砸东西的行为，说明他的愤怒强度已经很严重时，那就不能再火上浇油，劝慰不了就不要多说话，避免再给其刺激，否则他（她）的行为就可能失控，旁人也会被殃及，有直接关系的人更可能两败俱伤。

在临时管理情绪中，还存在一种自我管理，并自我开导的情绪理解，这就是著名的“空船理论”。“空船理论”出自《庄子·山木》中的“方舟济河”，说的是一个人在划船渡河的时候，前面来了一只船，直冲冲地正要撞向这边来。这个划船人朝对面船方向喊了好几声，都没有人回应，于是破口大骂对面船的开船人没长眼，技术差，太霸道，非要他人给他让路等。结果划船人认为自己也不是“吃素”的，就不让路，迎面撞了上去，后来发现撞上来的竟是一只空船，刚才还怒气冲冲的人，一下子怒火就消失得无影无踪。假如你就是这个故事中划船人，仔细思考后就会发现，是否生气，取决于撞来的船上有没有人！然而，正当你准备了一大团怒火和一大堆气话准备找对面的开船人发泄的时候,你却发现,这是一条空船,船上没有人。自己又不是疯子,难道对着空船大骂一顿?就算对着空船大骂一顿,也没什么用,自己的怒火、自己的气愤,顿时不知该何处发泄,只好慢慢让自己平静。有时候一个人生气仅是因为对方"竟然这样子""竟然有这样的人",而非那个人对其造成了伤害。

"空船理论"告诉我们,在生活中应该尽量放下对他人的偏见,更不要用一把你认为对的尺子去衡量他人的是非好坏,也不要因为他人做了什么,就轻易影响自己的情绪。临时管理情绪在很多时候是管理好、理解好自己的情绪,我们都要把他人视为一个"空船"。当自己被他人绊了一跤,就要想,对方一定是无意的。当自己被一些人伤害的时候,不要想着去报复,更不能沉溺于痛苦之中,要把这一次的伤害当作一次"空船事件",自己是被一只空船撞伤了,而非一个人有意开着船撞了自己。只有这样,自己才能尽快地从愤怒和痛苦中走出来,调整好情绪,过上好生活。

例如,当你和一个人撞上了。如果你开口第一句就是:"你眼瞎不会走路吗?路是你家的?干吗撞我?"对方自然会勃然大怒,因为他感到了很强的敌意。如果你开口第一句话是:"对不起,刚刚是我不小心,您没事吧?"结果就会完全相反。因为这时候,对方感觉到的是一个空船,船上没有一个充满敌意、霸道的人。本来两个人的情绪可能会一起恶化,并发生冲突,但是由于介入了临时情绪管理,一方主动理解了自身和对方的情绪,然后作出了正确的反应,负性情绪就被化解于无形之中了。多些“空船”,少些纷争,人就少生闲气;多些对于情绪的理解,人就多些自在。

三、表达情绪

表达情绪,是指伴随情绪体验的个体发生的行为变化,它包括积极情绪的表达与消极情绪的表达。良好的情绪表达使人能够很好地协调人际关系、舒缓压力、保持身心健康。研究表明,善于表达积极情绪的人有更多的快乐,更少的抑郁、焦虑和内疚,而频繁地表达消极情绪,如愤怒、悲伤,则会损耗人的幸福感、社会功能和身体健康。

情绪表达是每个人正常的情感流露和展示,人们通过情绪表达来达到相互沟通、相互理解和相互交流,表达情绪的方式包括言语、肢体动作、面部表情等。在表达情绪时,要注意选择合适的对象、把握适当的度,切不可只顾自己而忽视他人的感受。同时,我们所采用的方式要能够让对方接受,注意文明礼貌、举止要得体大方,说话之前多思考,根据现实情况多理解自己和对方的情绪,少去评判和指责他人,这样既可以将自己的积极情绪与人分享,也可以请关系好或信得过的人帮忙分担自己的消极情绪,以获取安慰,当然,自己也可以帮助他人分担其消极情绪。通过情绪的表达,人与人之间有了思想的传递,加强了解和信任,增进彼此的感情,因此,表达情绪对每个人来说都非常重要。要做到正确的情绪表达，总体而言，要注意3点，即注意对象、注意说话方式与注意时机和场合。

（一）表达情绪要注意对象

表达情绪要注意对象，指的是在表达情绪时要选择最适合表达此时情绪的对象，而不能随心所欲、随意而为。现实生活中可能有这样的情况，比如，有个人刚刚喜得贵子，想找人分享喜悦，却选择了一个刚刚失去亲人的朋友，试想一下，朋友正沉浸在失去亲人的悲伤之中，如何笑得出来，此时他喜得贵子的高兴对于他人来说，可能就会被误认为是幸灾乐祸，这样的表达情绪就可能引发冲突，招来一身麻烦；又如，一个被愤怒冲昏头脑的人，不管不顾地到处将自己的愤怒情绪发泄出来，见谁骂谁，丝毫不考虑身边人的感受，此时这种愤怒情绪就像垃圾，被胡乱丢弃；这样的情绪表达不仅没有让自己轻松起来，反而还让他人厌恶自己，甚至避之不及。

从上述的例子中我们可以看出，无论是积极情绪还是消极情绪，在表达时都要注意对象的选择，若是没有合理选择对象，不加区分地胡乱表达，那么可能铸成大错，引发不可想象、不可收拾的局面。有的人在表达自己情绪的时候丝毫不考虑对方的情绪状态，一味地"自由发挥"，最后碰了一鼻子灰。因此，我们在表达情绪时一定要正确选择对象，不和严肃认真的人乱开玩笑，不对死气沉沉的人嘻嘻哈哈，不在他人情绪高兴的时候泼冷水，不说风凉话，不落井下石，不火上浇油。选择合适的人来表达当下的情绪,这样才能收到良好的效果。

(二)表达情绪要注意说话方式

生活中,我们需要表达自己的情绪,但在表达的时候要注意方式,在表达情绪时尽量换位思考,体谅他人,委婉或直接地提出意见比一来就指责他人要好。针对当前的情境,说出你的感受是怎样的,希望他人怎么做,或者只针对这件事情来谈,不对人说长道短,即我们平时所说的“对事不对人”。这看似很简单,但在生活中却是最容易被忽视的,很多人看似在表达自己的感受,其实表达出来的是评价和指责他人。谁也不喜欢被指责,当他人遭遇指责时就会本能地辩解和防守,甚至反过来指责你,两个人就可能因此发生冲突,最后大打出手。因此,表达情绪要注意说话方式。

比如,王某和李某住在同一个小区同一幢楼,而且是对门。某天晚上,王某邀请了几个朋友到自己家里聚餐,酒到尽兴时,王某就和朋友大声唱起歌来,结果这一行为引起了住在对门的李某反感。于是李某就跑到王某家门口大声指责和叫骂:“唱歌难听,五音不全,怪声怪气,还唱得这么大声,没素质,人品差……”王某等人回应道:“在自己家唱歌关你什么事?”结果双方越吵越激烈,最后动起手来,最终,李某被王某等人打成重伤,王某和他的朋友们则被公安机关拘留,等待他们的可能是故意伤害罪的起诉和审判。在这一案例中,李某被歌声影响,感到烦躁,无法工作,但是没有正确表达自己的情绪,特别是没有注意说话的方式，上来就指责王某等人，王某等人受到指责后也予以还击，最终一场悲剧就此发生。如果李某当时在表达情绪时注意说话的方式，敲开王某家门，先表示自己在加班赶工作，然后表扬对方歌声不错，但请王某及其朋友能否改天再唱，或者歌声音量小一点，相互体谅一下，或许事情就能顺利解决，也不至于引起邻里冲突。

描述自己的感受和评价指责他人最大的不同就是，前者没有攻击性，容易让对方感受到自己的情绪，从而理解自己，沟通也就能取得较好的效果；而后者会引起情绪上的对立和争执，很容易会让对方产生辩解、防御、反击的行动，还可能因此产生一些矛盾，沟通就很难取得好的效果，监狱中也不乏这样的例子。比如，服刑人员杨某和张某同住一间监室。在一天晚上睡觉时，杨某因为肚子不太舒服，连上了好几次厕所，因为动作太大，几次吵醒了睡在旁边床位的张某，张某感到很烦躁，开口就大声指责杨某动作太大，故意发出这么大声响，因为拉肚子睡不好觉，也不让他人休息好。杨某听到这些话以后非常生气，便和张某吵了起来，甚至互不相让地说气话，说自己就是故意弄得动静大，就是不让张某睡觉，看张某敢怎么样。结果，两人为此大打出手，最终都被考核处理。试想一下，如果张某当时能好好表达自己的感受，注意说话的方式，轻声细语地告诉杨某，自己最近身体也是不舒服，睡眠不足，入睡也困难，很同情杨某拉肚子难受，但是，能不能请杨某动作稍微轻一点，那么，可能杨某就会充分理解张某此刻的心情，为自己不顾他人，动静弄大了而产生内疚，动作就会轻缓一些，两人既不用吵架，也不会打起来，更不会被处罚，该休息的休息，该上厕所的上厕所，一个冲突便能因此而化解。可见，注意说话方式正确地表达情绪真的非常重要。

（三）表达情绪要注意时机和场合

"食不言，寝不语"——古人在教育人的时候就要求说话要十分注意时机和场合，切记不要在饭菜还含在嘴里未下咽的时候就同他人讲话，这一点是非常忌讳且不礼貌的。试想一下，当自己嘴里还含着饭菜，话也说不清楚，"哇哇呜呜"地在那边表达，对方也听不清楚你在说什么，这就是不礼貌。在他人要睡觉休息时，还喋喋不休，不管不顾他人是否要休息，只管自己讲得开心，那便是极度不礼貌的。同理，恰当地情绪表达也要讲究时机和场合。

情绪的表达需要根据对象的不同而寻找合适的时机及场合，有的情绪一产生便可以表达出来，有的则不能。比如，大家在一起看电视看到开心搞笑的情节，或听到一个有趣的笑话时，马上开怀大笑起来。而同样的情绪在另一个场合就要适当控制，假如同号监室的其他同改正在安静地看书学习，而某服刑人员此时正看到了电视上搞笑的情节，他就要注意情绪表达的时机和场合，不要笑得太大声，以免影响周围的人。另外，当他人因为某件事情而伤心难过时，就不要和他开玩笑，或者在他的周围大肆讲自己高兴的事情;和他人在同个桌子上吃饭时,不要因为自己不喜欢吃某个菜,就直接当着大家面说这个菜难吃得让人想吐;在劳动改造时,某服刑人员的工作效率较高,早早便完成了劳动任务,而同一生产线的其他同改还在努力地完成生产进度,这时尽管他很高兴,也不能在他人面前过度表现内心的喜悦,表达得意的情绪,可以试着静静地在旁适当休息等待收工。生产效率高,完成任务快,积极改造被认可等高兴的心情可以在拨打亲情电话时,和家人分享。在表达情绪时,要考虑周围人的感受,不能只顾释放自己的情绪而给周围人带来伤害。

矫正作业:

1. 觉察情绪有什么要点?
2. 简要说明理解情绪应该分为几个步骤。
3. 表达情绪需要注意哪些问题?

矫正对象将答案填写在《矫正足迹》上;社会人可以思考。

长效情绪管理

建议课时:8 课时

临时情绪管理的特点是让人能够随机应变,短时间内适应复杂的情况,应对不同的情绪能够作出不同的、正确的反应。长效情绪管理的优点则是更具系统性、计划性,在做好正确的规划之后，只要长期坚持就能使人改变“本性难移”的缺点，使人的情绪更加稳定，更加理智，能够作出正确的决定和行为，并养成优良的情绪习惯。

人在生活中难免会遇到一些情绪困扰，会有情绪激动、行为冲动的时候，当遇到这些情况时，就需要临时的情绪管理，通过觉察情绪、理解情绪和表达情绪使自己的情绪能够处在一个合理、稳定的状态。但仅仅临时的随机应变还远远不够，毕竟自己仍然是自己，自己的情绪还是存在于自己心中，内心之中的情绪还是需要自己才能转化和管理。人只要生活，就总是会有情绪低落、感到烦躁的时候，心中难免会有“负能量”存在和堆积，这时就需要采用一些适当的方式方法将心里的负能量垃圾清扫出去。另外，还需要通过系统的计划、方法、手段来改变一些自己长期以来不好的情绪习惯，使自己保持情绪稳定，促进身心健康，这就是长效的情绪管理。

长效的情绪管理方法有很多，可以说，但凡有利于身心健康，可以合理调整、管理情绪的方式方法都可以算作长效管理，关键是需要结合自身的实际情况来选择一些适合自己的方式方法，并长期坚持下去。下面就为大家介绍 5 种长效情绪管理方法，可根据自己的实际情况进行尝试和使用。

一、注意力转移法

注意力转移法，是指当人处于情绪困境时（如大悲大喜、极度愤怒等),先设法离开该环境的持续刺激,暂时将问题放下,转向一些其他的活动或环境,转变原有情绪体验的性质,达到情绪调控的目的,以避免不良情绪的爆发。

在监狱服刑改造期间,如果觉察到自己情绪不佳,悲伤难过,或者感觉自己最近火气大,容易发火,看这看那都不顺眼,又或者与同改发生矛盾时,就可以及时参加一些文化娱乐活动,要么静下来写一封家书,要么到阅览室选择一本自己喜欢的书籍阅读,或者约上同改到活动室下一盘棋,还可以借助室外活动的机会,到操场上走一走、跑一跑,打打篮球,出一身汗,当然也可以找关系不错的同改、警官倾诉等,进行注意力转移,这样能使服刑人员暂时脱离不好的情绪,避免不好的情绪无法释放和宣泄,从而做出极端的行为。在社会生活中,转移注意力的方式就更多了,比如,与好友相约到 KTV 去欢歌一晚,大声唱出自己的烦恼和负性情绪;到电影院去观赏一部大片,看一部自己喜欢的电视剧,随着跌宕起伏的剧情放松自己的心情;打开电脑玩玩游戏、听听歌,看一看网络上的开心小视频等都是一些很好的注意力转移方式。通过这些方法,一方面,中止了不良刺激继续发生作用,防止不良的负性情绪泛化、蔓延;另一方面,通过参与新的活动让自己的注意力进行转移,平稳地将负性情绪转移,如果这些活动还是自己感兴趣的,那还可以让自己获得更多积极的情绪体验。

有一个叫艾巴的人,每次和人起争执的时候,就以很快的速度跑回家,绕着自己的房子和土地跑3圈,然后坐在田边地头上喘气。身边的人都想不明白他为什么这样做,问他为什么,他也不肯说。直到有一天,艾巴很老了,才说出了隐藏在心里多年的秘密。他说:“年轻的时候,每当我与人吵架、争论而生气的时候,就绕着房子跑3圈。边跑边想,自己的房子这么小,土地这么少,哪有时间去和他人吵架呢!想到这里气就消了,也不会再去与人争吵,于是把所有的时间都用来努力工作。而到后来,由于努力工作,努力干活,自己的房子越来越大、土地越来越多,在生气时,我还是绕着房子和土地跑3圈,边跑边想,自己的房子这么大,土地这么多,又何必和人计较呢?一想到这里,我的气就消了!”

这个故事告诉我们,注意力转移法是一个很好用并且很实用的长效情绪管理方法。故事中的艾巴通过绕着房子边跑边思考的方法,成功地把气愤、恼怒的负性情绪进行了宣泄和转移,使自己在跑步中将怒气宣泄,在思考中把气愤转变成努力奋斗的动力。除此之外,艾巴从自己年轻一直到很老的时候都坚持使用绕着房子跑的方法,长此以往形成了习惯,充分发挥了长效情绪管理的作用,使自己的情绪得到了有效的管理,最终获得了成功,让小房子变成了大房子,土地也越来越多。可见,能够管理好自己情绪的人,不但能够拥有安宁的生活,更有可能收获巨大的人生财富。

二、自我安慰法

自我安慰法，就是指当一个人遇到不幸或挫折，又无法改变现有的状态时，为了避免精神上的痛苦或不安，可以寻找一种合乎心理需求的理由来抚慰自己心灵的一种情绪管理方法。简单地说，这就是一种“阿Q精神”，用精神胜利法自嘲、自解来安慰自己。这种方法，对于帮助人们面对重大挫折、接受现实、保护自己、避免精神崩溃是十分有益的，同时，能让人们快速忘记烦恼，抚平自己的情绪。

比如，在服刑期间，有的服刑人员听闻家里孩子不听话、读书成绩不好、经常调皮捣蛋，为此常常感到焦虑、担忧，同时有一些内疚。但是，自己在监狱服刑，根本无法出去解决这些问题。这时，不妨可以尝试一下自我安慰法，心里想着，儿孙自有儿孙福，现在自己在监狱里服刑，家里的事情就是再急也帮不上什么忙，远水救不了近火，想太多也是没用，还徒增烦恼，不如就管好自己，安心、踏实地改造，争取早日减刑回家。实在放心不下，就给孩子写封信，不管孩子听不听，至少自己该说的说到了，该劝的也劝到了。无论何时何地，都要学会自己安慰自己，不要让自己被负性情绪所吞噬，不要让自己在烦恼中越陷越深。

还有的服刑人员因为性格、脾气等原因，与别的同改很难相处在一块；他们又在乎他人对自己的评价，常常会错误认为他人在议论自己，说自己的坏话，只要说自己就是不喜欢自己，进而错误地认为自己惹人讨厌，不受人欢迎，为此而惆怅，情绪也不好，久而久之还变得敏感，疑神疑鬼，感觉心很累，人也很累，这时，这个服刑人员不妨自我安慰一下，一千个人就有一千种想法，就算是做菜也众口难调，何况是做人，没有人能做到满足所有人的胃口，你所做的事也不可能让所有人都满意，所以不要太过于在乎他人的评价，做好自己该做的事情就可以了。

我们很难去改变他人的看法和想法，但是，可以很容易地改变我们自己。因此，与其让他人左右自己的情绪，还不如放弃怨恨和叹息，用自我安慰等方法来调节管理自己的情绪，使美好生活近在咫尺。在日常生活中，合理运用自我安慰法可以摆脱烦恼，消除抑郁，达到自我安慰、自我激励的目的，从而带来情绪上的安宁和稳定。此法可以长期坚持使用，当习惯成自然的时候，相信你每一天都会有一个好心情、好情绪。

三、情绪疏泄法

情绪疏泄，是指当人处于较为激烈的情绪状态时，采取直接或间接的方式表达、疏通发泄情绪体验的过程。简单来说，就是人们当自己的情绪体验处于激烈状态时，可以选择适当的场合，该哭就哭，该笑就笑，合理地宣泄、释放激烈的情绪。坦率地表达内心强烈的情绪，可以使宣泄者的心理压力得以减轻，心情会平静些、舒畅些，与情绪体验同步产生的生理反应也能较快地恢复正常。例如，女性在情绪激烈伤心失望或者悲观难过的时候会大哭落泪，这就是一种很好的情绪宣泄。而男性从小受到的教育就是“男儿有泪不轻弹”“男人要坚强”等，致使许多男性情绪再差都会强忍泪水不哭出来。这就是一种错误的认识，当激烈的情绪得不到宣泄的时候，积压在内心中，会使人郁郁寡欢，时间一长，甚至还会影响身体健康。

情绪疏泄法可以分为直接疏泄和间接疏泄，直接疏泄法，是在刺激引发强烈的情绪反应时，及时表达自己的内心感受，以使状况得以改变。比如，当遭遇不公平对待时，可以通过语言或者文字直接表达出来，争取自己的平等权益；当被他人伤害时，直接告诉对方自己的愤怒，要求赔礼道歉等。但是，并非所有的情形都可以用直接疏泄法，这要根据场合和对象的不同，作出不同的反应。

在更多的时候，可以采取间接疏泄法来宣泄情绪。间接疏泄法是在脱离了引发强烈情绪的情境之后，向与情境无关的第三人表达当时的内心感受，或发泄自己的愤怒或倾诉自己的悲痛情绪体验等。另外，采取一些非直接的其他方式来发泄不良情绪也是间接疏泄法。一般可以用 3 种常见的方式来进行：一是尽量避开情绪源；二是选择性倾诉；三是替代性发泄。

（一）尽量避开情绪源

互联网上流传着一个很经典的间接疏泄法短片，两个老外在路上开着车，你追我赶，显然两人犯了路怒症，都在开斗气车。A 先生把 B 先生的车逼停之后，怒气冲冲地敲 B 先生的车门，此时 B 先生从车上拿出一根棒球棍，打开车门，气势汹汹地下车，一场因为双方情绪失控导致的暴力冲突一触即发。正当气氛极度紧张的时候，A 先生从自己的车后备厢里拖出一个橡皮假人，对着橡皮假人就是一顿暴揍，这个行为让 B 先生看得目瞪口呆，打完橡皮假人之后，A 先生气喘吁吁地示意 B 先生去殴打橡皮假人。B 先生提着棒球棍就对橡皮假人进行了击打，打累以后，转身过来就跟一旁的 A 先生握手言和了，然后两人各自上车走了。在上述短片中，A 先生的情绪源就是 B 先生，B 先生的情绪源就是 A 先生，两人情绪激动，如果情绪控制不住，即将发生一场暴力冲突。但是，A 先生拿出了橡皮假人，转移和避开了各自的情绪源，在两人暴揍橡皮假人的时候，成功地疏泄了双方激烈暴怒的负性情绪，化解了一场暴力冲突。

将其运用在日常改造中，假如与同改发生矛盾和冲突了，首先要做的是压制住自己的怒气，想办法离开使你发怒的对象，避免产生冲动的行为，将情绪源转移到其他地方。下面介绍一个真实的案例：某服刑人员与同改产生了矛盾，在双方争得面红耳赤，快要动手打起来的时候，其中一方连忙跑开，边跑边说肚子疼，跑进厕所对着蹲坑大吼了几声，避开了让他发怒的对象，宣泄了自己盛怒的情绪，也避免了暴力冲突的发生。而警官解释完之后，又申请到心理宣泄室，打了橡皮假人，对着呐喊宣泄仪又是一通吼叫，他选择了其他发泄对象进行替代，避开了直接引发矛盾的情绪源。经过宣泄和疏导,他心中的负性情绪逐渐得到调节,情绪趋向稳定,人的心情也逐渐变好。当然,在避开情绪源的时候也要注意周围的环境和人,选择合适的时间以及合适的地点。比如,上面这个案例中,在避开情绪源的时候,如果在休息时间大声吼叫,就会影响他人休息。

(二)选择性倾诉

在现实生活中,大多数不良情绪积压在心中无法释放,导致很多时候没理由地发脾气,发无名之火让人觉得莫名其妙,不可理喻,是因为负性情绪积压的时候,没有找合适的人进行倾诉和宣泄,负性情绪就像杯子里装的水,水太满就会自溢出来。因此,学会倾诉是缓解情绪的最好办法。

当我们遇到不顺心、不如意而陷入苦恼,被负性情绪困扰时,可以找信任的、谈得来的知心朋友一起倾心交谈,适时将心中的郁闷及时发泄出来。倾诉的重点是选择性,即选择倾诉的对象为合适的人,选择倾诉的时间为合适的时间,选择倾诉的地点为合适的地点。比如,在改造生活中,当服刑人员有不良情绪时,可以找和自己关系好的其他服刑人员谈心,也可以找警官聊一聊,听一听警官的看法和分析,从另一个方面来看待自己所遇到的问题,也许会让你豁然开朗。当然,合适的人不必多说,就是自己信得过、谈得来的人;而合适的时间就是要选择他人有空、不影响休息的时候,千万不能在半夜三更等该休息的时候喋喋不休;合适的地点也需要选择,可以是回到监室后,也可以是休息放风的操场上,但不能在他人急着上卫生间时追进厕所里,自顾自地一味倾诉。另外,结合监狱的实际条件,还可以找监狱里的心理咨询师进行心理咨询,通过寻求他人的帮助,建立心理支持系统,合理地倾诉,理智地对待自己所遇到的一切。

在回归社会生活后,选择性倾诉的途径就更加丰富了,除注意时间和地点外,可以找自己的亲朋好友聊聊天、谈谈心,倒一倒心中的“苦水”。也可以到网上专业的“吐槽吧”,把自己遇到的糟心事写出来,邀请大家一起“吐槽”,一起交流,但这要注意保护自己和他人隐私,不能进行人身攻击或触犯有关互联网的政策法规等。

(三)替代性发泄

之前讲解尽量避开情绪源的时候,重点要求人们在情绪激烈的时候,要避开、离开使自己情绪激动的情绪源,不能与其接触在一起。可避开之后,总要将负性情绪宣泄出去,那么,替代性发泄就是一种较好的方法。你可以使用一些没有情绪、没有感情的物体进行替代,也可以用一些其他的事情来替代,将这些物体或者事情,当作发泄的对象或方法,在合理合法,且不影响他人的原则下,将自己的负性情绪尽情地发泄和释放出来。

在改造过程中,当感觉自己的负性情绪较强时,可以申请到监狱的心理宣泄室进行宣泄,通过击打沙袋、橡皮人、发泄墙,或者高声喊叫的方式,将自己心中的情绪源替代为这些物体,把内心的负面情绪发泄出来。或者请求心理咨询师的帮助,找一间不影响他人的咨询室大哭一场、大声朗读自己喜欢的词句或者行为规范、大声唱歌,抑或抄写行为规范等,将内心的不快发泄出来。

某监狱的警官设计了一个很好的运动宣泄方法,叫作"扔走烦恼",即把一个个篮球想象为你自己的一个个不良情绪,把球框想象为一个情绪的垃圾筐,然后将篮球替代为自己的烦恼和负性情绪,依次扔向篮球框。这个方法一举两得,既让服刑人员把不良情绪形象化,扔向垃圾筐,又使其通过运动消耗了因不良情绪产生的多余精力。

在回归社会后,合理宣泄情绪的方式更加丰富,刑释人员可以到健身房,在专业健身教练的指导下做一些运动量很大的"减压消气操",可以购买一些减压玩具,任你揉捏、撒气;或者约上朋友打一场游戏,赢上几局;或者走到田间郊外等不影响他人的地方,呼吸新鲜空气;可以找一些自己喜欢做的事情,以做事来替代烦恼;还可以到体育馆进行一次挥汗如雨的运动等。

四、情绪升华法

情绪升华,指的是改变不为社会所接受的动机和欲望,而使之符合社会规范和时代需求,这是对消极情绪的一种高水平的宣泄,是将消极情感引导至对人、对己、对社会都有利的方向。简单来说,就是“化悲痛为力量”“化愤怒为动力”等,将自己的负性情绪进行升华,使这些情绪变成积极乐观向上的、使人开心快乐的积极情绪。

在现实生活中,有的人经历过一次打击之后便精神萎靡、一蹶不振,一直悲观颓丧下去;而有的人却在经历过大风大浪后依然能够化悲愤为力量,扬起前进的风帆。后者就是懂得情绪升华的人,他们能将暂时的挫折和困难埋藏于心中,以更加饱满的精神应对当前的困境,通过自身的不断努力来改变现状,获得成功。正如《真心英雄》中唱的那样,“把握生命里的每一分钟,全力以赴我们心中的梦,不经历风雨怎么见彩虹,没有人能随随便便成功”,将失败、萎靡、悲观颓废比作人生经历的风雨,将成功比喻为彩虹,把压力变成动力,进行情绪的升华,最终带着积极的情绪走向成功。在情绪管理中,情绪升华也是一个较好的方法。中国知名企业家曹德旺的成功,就是情绪升华的最好例子。

在曹德旺还小的时候,家庭十分贫苦,他 9 岁才上学,14 岁就被迫辍学,在街头卖过烟丝、贩过水果、拉过板车、修过自行车,经常食不果腹。这些不幸的经历必然会造成他心中的负性情绪,如悲观失望、愤怒愤恨、自卑抑郁等,但他并未被这些负性情绪所控制,没有逆来顺受,而是不断地与命运抗争,化悲愤为力量,将他人的冷眼和现实社会的艰辛变为生存下去的动力。奋斗到 30 岁,一切可能的生意都做过,平时只要有空,他就会找书看,无论古今中外,入眼皆可读,读来皆入心,经过自身的不断努力,终于战胜了命运,在创业路上取得了成功。如今,曹德旺的企业福耀公司已成为世界第二大汽车玻璃厂商,生产的汽车玻璃占中国汽车玻璃70%的市场份额。他还热衷于慈善事业,经常为家乡及一些贫困地区捐款捐物,为家乡修食堂、盖敬老院、修道路。从1983年第一次捐款至今,其个人累计捐款已达80亿元。可见,情绪的升华可以让人破茧成蝶,将那些昔日折磨自己的负性情绪变成动力,让人带着积极的情绪走出失败,走向成功。

映射到服刑人员的改造生活当中,也有情绪升华成功的例子。某监狱服刑人员赵某,因故意伤害罪被判处死刑缓期2年执行。因为刑期太长,其妻子无法单独支撑家庭,在其入监后不久,妻子便提出了离婚,该犯虽说心里难受,但也坦然接受了,并于次月和妻子办理了离婚手续。

2个月后,在拨打亲情电话时,家人告诉了他父亲过世的消息,赵某在3个月内连续遭受了离婚、丧父的打击,并且哥哥还打算将其房子卖掉。在此之后,他就神情恍惚,消极怠工,茶饭不思,独自流泪,负性情绪相当严重。之后,监区警官经过研究分析,认为该服刑人员受到了多种生活事件的刺激,出现了严重的负面情绪,并且没有得到有效的疏通和宣泄,情绪问题已转化为心理问题,甚至影响了其身体健康和积极改造。为此,监区警官多次带赵某到心理宣泄室宣泄,与他进行了深入谈话，让他倾诉，将心里的苦水吐出来，并帮助其作了理性分析，鼓励他正确面对现实，升华自己的情绪，走出困境，积极改造。

最终，赵某鼓起勇气，在拨打亲情电话时义正词严地告诉哥哥，按照相关法律的规定，房屋的产权归自己所有，除了自己，没有人有权利处理自己的房子。解决了房子问题后，赵某向警官表示，自己以后要积极改造，争取记功减刑，早日回家，弥补自己对女儿造成的伤害。从此之后，赵某就化悲痛为动力，将负性情绪升华为积极情绪，发愤图强，积极改造，无论多么困难都能超额完成任务，并且还报名参加了成人自学考试，最让人欣慰的是，他在年末还被评为了改造积极分子。

情绪升华法，是对不良情绪的一种高级宣泄，这要求操作人有坚定的信念，不屈不挠的精神，只要长期坚持，此法可以让人将经历的磨难变为成功的垫脚石，可以让经历风雨的人看见彩虹，情绪会越来越稳定，工作也好，生活也罢，总会一天天好起来。因此，无论是服刑罪犯，还是刑释回归社会的社会人，遇到困难时，都切忌怨天尤人、唉声叹气、就此沉沦，更不能走极端，报复社会、破坏法纪，而是要善于运用情绪升华法，培养自己坚强的意志，在逆境中成长，最终收获自己的人生财富和幸福。

五、放松训练调节法

放松训练调节法，主要是人用自己的意志来调节机体的机能,通过有机体的主动放松来增强对于其生理和心理活动的控制,达到降低唤醒水平,调整情绪的目的。

放松训练可使人的肌肉放松、呼吸深沉、思想入静、杂念全无,最后达到调节情绪的效果。放松状态,是有机体的一种特殊的生理心理状态。在放松状态下,大脑皮层的控制能力减弱,植物神经系统和内分泌系统的调节和控制作用得到加强。在生理上,可使呼吸频率趋缓,呼吸变得轻微而缓慢;心率减慢,血压下降,血管容量发生变化;内分泌激素减少;副交感神经的功能得到加强。在心理上,可使感知觉产生快感或某种特殊的感觉,如烧灼、刺痛、麻木、跳动和漂浮感等;伴随着各种不随意运动,情绪上趋向稳定,使人轻松而愉快,心情平静,忘却烦恼与忧愁;思维敏捷、创造力增强,促进大脑内部核糖核酸的合成,从而增强记忆力。

上述是放松训练的基本理论,只要按照下面的方法,经过一定的练习也能达到较好的效果。具体操作方法为:首先,练习者要使自己心神安静下来,尽量把自己的脑子放空,什么都不要想,坐卧姿势都可以,以舒适为主,然后想象自己置身于一个十分优美的环境之中,根据自己的喜好进行想象,可以是静谧的大森林,也可以是有蓝天白云的沙滩上,按照深吸气、长呼气等呼吸要点和方式来调理自己的气息;其次,配合呼吸,可以慢慢地伸伸腰、蹬蹬腿,伴随着一定部位肌肉的运动和放松;最后,达到全身肌肉的放松,此时,人的情绪也会随着身体开始放轻松。放松训练不仅可以使人精神舒缓、情绪稳定，长期坚持下来，对焦虑症等身心疾患还有良好的治疗效果。

上文介绍的5种长效情绪管理方法，服刑人员无论是在监服刑，还是刑释回归社会，都可以结合自身实际情况，给自己定制一套长期的情绪管理模式，长期坚持，改掉自己的坏情绪习惯，让自己远离负性情绪。只要能认知自身的情绪，并注重情绪管理，就能保持情绪健康、心理健康，提高心理活动效率和身心健康水平。

矫正作业：

1. 简要说明5种情绪控制法的原理及操作方法。

2. 结合自己实际情况不断练习使用第1题中的5种方法。

矫正对象将答案填写在《矫正足迹》上；社会人可以思考。

第四节　情绪管理的几种特别方法

矫正目标：通过讲授，使矫正对象（学习者）掌握3种（曼陀罗绘画、书画修心、瑜伽释压）舒缓情绪、管理情绪的入门方法，讲解这些管理情绪的方法原理和操作步骤，并组织矫正对象对3种情绪管理的方法进行体验式练习（非罪犯的学习者可根据本节内容尝试自行练习），为矫正对象今后更好地管理自己的情绪打下基础。

建议课时：12课时

曼陀罗绘画方法

建议课时:4 课时

一、曼陀罗绘画技术的原理及操作步骤

(一)曼陀罗绘画的起源及概述

瑞士心理学家荣格在他 38 岁那年遭遇了生命“瓶颈”期,于是他辞去教职,全心专注于内在的修持。每一天他都将自己的梦境、思想及所绘的图加以记录,并顺着内心的冲动,在日记中描绘成圆形图。而他所绘的圆形,正是“曼陀罗”(梵语 Mandala,即圆轮)。曼陀罗原是佛教修行密法、观想的地域,被视为佛陀觉悟境地,宇宙万物居住世界的缩略图。后来,曼陀罗被心理学家荣格联想为自我及整体个性的核心,发现个体绘画曼陀罗,具有暗示其潜能和独特性的力量,并将其转化发展成艺术治疗的理论和方法。

通过这种让无意识的自发表达,荣格发现,我们每一个人的内心都是分裂的,以至于我们需要“曼陀罗”让它整合起来。而这一神圣的“魔圈”——Mandala,透过精密的图腾、坛场能量、几何体中的结构奥秘,以及色彩的力量,可以连接我们内在的圆满力,创造强有力的能量圈。

(二)曼陀罗绘画的原理

曼陀罗 = 能量 + 意志 + 时间 + 空间之无限运转的“圆”。

在心理治疗上，作为艺术表达性治疗的主要方法之一，曼陀罗绘画可以通过象征的方式展现绘画者的无意识冲突，并借助曼陀罗特有的整合功能，整合内心的矛盾，获得内在的和谐与稳定。

曼陀罗以彩绘的方式深入心灵，让人通过自我觉察获得自我疗愈的力量。曼陀罗图形呈现宇宙的观想，在彩绘的过程中有助于稳定情绪，缓解焦虑，激发潜能，同时，色彩可以疗愈人的内心，不同的颜色会让人产生不一样的情绪感受。例如，粉红色具有安抚情绪的效果、绿色能消除疲劳、橙色能减轻苦闷情绪等。以积极的方式揭示内在的秘密，帮助我们从挫折与创伤中复原；不断地重复此方式，在生活中持续成长与修补，让人趋于自我更完整的形态。

（三）曼陀罗绘画的操作步骤

1. 放松和冥想的过程，矫正官通过引导矫正对象（学习者）调整坐的姿势，以及呼吸的频率来引导自己的身体放松下来，然后进入内心的想象之中，无论心中出现什么，鼓励其抓住当下内心中的感受。

2. 矫正官鼓励矫正对象（学习者）带着这种内心感受去作画。不用过多地去思考，仅让你的手拿着画笔在纸上自由地去表达就好。

3. 观想你的曼陀罗，试着走进其中的世界，在心中和它对话。

二、曼陀罗绘画的体验式操作

曼陀罗绘画的要领：根据曼陀罗的线条、形状、色彩是可以很直观地看到当事人的内在现状，不过相对来说，画的过程是更为重要的，因为人的能量无时无刻不在变动，更多的时候我们看着那个变动在发生，或者你体验到自己的能量在这个过程中是如何流动的，就很好。曼陀罗绘画最为重要的一点就是当事人的参与和体验。

曼陀罗绘画能够帮助宣泄平日里心中的负面力量。在改造中或是在人际交往中难免会遗留下一些负面的情绪和体验。这时，为了能够维护身心的健康，保持内在的活力，我们就要学会为这些积累在心中的“垃圾”找一个出口，定期地将它们适当宣泄掉。而曼陀罗绘画，刚好可以提供这样一个直观、深刻且安全的通道。

1. 提供一个理想的环境，一个能让你平静、专注且舒适作画的空间。配合自己喜欢的音乐，可以静也可以动，视乎你的心情。

2. 静下心来，聆听内心的声音，选择一个自己最喜欢的颜色，开始作画。

3. 想象这张白纸是你要丢掉心灵垃圾的一个焚化炉，去想不高兴的事，尽可能使劲画，没关系，线条可能会很混乱，无所谓，怎么想就怎么画，不用去思考该选什么颜色、画什么图案，一切全凭直觉,画好一个圆并在圆内着色及画图。不用思考什么时候停止,直到你觉得“完成了”,抒发够了,再停下笔。这是一个连接心灵深处感觉的途径,连接到的情绪或许是愤怒,或许是忧伤,再或者是很激荡的情绪,让它自然抒发就好,学会做自己的引导师,给这些内在的抗争一个通道,让它们可以释放出来。

4.画完后,把它放到自己面前,看着它,张开口,快速地“哈”气,或有感而发的哭泣。这个动作会打到膻中穴,所以你的整个身体会麻,反应也会很激烈。不用紧张,这时候你的情绪“垃圾”才会慢慢释放出来。之后,用力地把画撕掉,就像撕掉你很讨厌的东西一样,去想象你要扔掉它、远离它,这是一件很爽快、很开心的事情。你把它撕得越碎,就会越轻松,感觉是个全新的自己。

矫正作业:

1.简要叙述曼陀罗绘画的原理及操作步骤。

2.参与曼陀罗绘画练习活动10次。

矫正对象将答案填写在《矫正足迹》上,并接受矫正官的安排;社会人可以思考并练习。

书画修心方法

建议课时:4课时

一、书画修心技术的原理及操作步骤

(一)书画修心概述

书画是书法和绘画的统称。书,一种观点是指书法,也就是所谓的字;另一种观点认为书是指文化内涵。画的起源久远,有着丰富的意思,“画中有诗,诗中有画”,中国古代,诗与画分不开。画作体现了作者的情感和思想,有着强烈的艺术性。

(二)书画修心技术的原理

1. 通过学会如何正确欣赏和赏析书画作品,可以让人树立正确全面分析事物、认识事物的方式和方法,从而正确剖析自我、全面地认识自我。

2. 汉字是中国人的杰作,它的书写要求有一定的标准,最基本的就是笔画正确,间架结构合理,如同我们做人做事最基本的道理。矫正对象(学习者)通过对字帖的临摹和对字的结构、章法的观察,可以培养矫正对象(学习者)从整体上把握事物的思维能力。

3. 书法在我国有几千年悠久历史,是中华民族宝贵的文化财富,在矫正对象(学习者)提高文化素养、自觉地控制自己的情绪和支配自己的行为方面都起到积极的作用。

二、书画修心的训练

书画修心训练的学习要点:

1. 观察所临字的点画结构，观察书法家的用笔方法和特征，观察不同字体中笔法的变化和渊源关系，观察各类碑帖墨迹总体的神韵、风貌和类型。

2. 要求矫正对象（学习者）在学中思、思中学，不断培养联想能力、归纳能力和内化能力。此外，书法艺术笔法中的提与按、方与圆、疾与涩、逆与顺，墨法中的浓与淡、润与燥，章法中的奇与正、疏与密、大与小、向与背等构成了书画艺术的既对立又统一的矛盾体。

3. 书画从临帖入手，最终要使矫正对象（学习者）达到创作独具个性风格的艺术作品。矫正中允许矫正对象学有选择，学有所长，发展个性，而不能整齐划一，千人一面。通过广泛涉猎，兼收并蓄，使矫正对象（学习者）奠定扎实稳固的书画功底，在此基础上，鼓励他们大胆创新。

矫正作业：

1. 简要叙述书画修心训练的原理及学习的要点。

2. 参与书画修心训练活动10次。

矫正对象将答案填写在《矫正足迹》上，并接受矫正官的安排；社会人可以思考并练习。

瑜伽释压方法

建议课时：4课时

一、瑜伽的起源及概述

瑜伽源于古印度，是古印度6大哲学派别中的一系，探寻“梵我合一”的道理与方法。而现代人所称的瑜伽则主要是一系列的修身养心方法。

瑜伽姿势运用古老而易于掌握的技巧，改善人们生理、心理、情感和精神方面的能力，是一种达到身体、心灵与精神和谐统一的运动方式，包括调身的体位法、调息的呼吸法、调心的冥想法等，以达至身心的合一。暴力罪犯及脾气暴躁易怒冲动者通过进行愤怒减弱、忍耐力训练等干预训练，提高觉察、控制和化解愤怒情绪的能力，以避免冲动惹祸。

二、瑜伽练习的具体操作过程

1. 准备阶段：矫正对象（学习者）做好瑜伽练习前的准备工作；矫正官利用放松指导语指导矫正对象（学习者）进行练习前放松，矫正对象随着轻柔的音乐学会控制呼吸，吸气时小腹隆起，呼气时小腹内收，尽量让呼气是吸气的2倍。

2. 实施阶段：矫正对象（学习者）跟着教学视频进行瑜伽练习。

3. 结束阶段：每次瑜伽练习结束，矫正对象（学习者）对练习内容、难度、心得体会等进行自我总结；矫正官有针对性地组织矫正对象进行讨论和指导。

三、瑜伽练习注意事项

1. 任何运动前都应做热身操，以避免运动损伤。

2. 每一个瑜伽动作都应平缓地完成，并配合有规律的深呼吸来帮助身体放松。

3. 练习时要将意识专注到被伸展和被刺激的部位上。不可存有杂念，不可说笑。练习时不要过分逞强，要在自己所能承受的极限范围内，使被伸展的部位稍有些拉伸感即可。

4. 空腹2～3小时。练完后的30分钟之内，不洗澡、不吃食物，不做激烈运动，以免破坏体内能量的平衡。

5. 有心脏病、高血压、糖尿病的患者以及关节伤病的人，须经医生同意后，才可练习。

矫正作业：

1. 简要叙述瑜伽释压技术的具体操作步骤。

2. 参与瑜伽释压技术训练活动5次。

矫正对象将答案填写在《矫正足迹》上，并接受矫正官的安排；社会人可以思考并练习。

附　　件

附件一　暴力侵害公民生命健康罪犯矫正项目测评试卷(一)

考试时间:90 分钟　　　总分:100 分　　　得分:

一、填空题(5 空,每空 2 分,共 10 分)

1. ________是指公民保护自己身体各器官、机能安全的权利。

2. 生命健康权的民事保护是通过自卫权和________的方式追究有关当事方的民事法律责任来实现。

3. 以情绪存在的状态,可以将情绪分为心境、激情、________3 种类型。

4. ________是指以善恶为标准,通过社会舆论、内心信念和传统习惯等来评价人的行为,调整人与人之间以及个人与社会之间相互关系的行动规范的总和。

5. 戾气对社会的危害主要体现在对________的危害上。

二、单选题(5 题,每题 2 分,共 10 分)

1. 侵犯生命健康权的法律责任有民事责任、行政责任和

(　　)3 种。

A. 刑事责任　　B. 主要责任

C. 次要责任　　D. 一般责任

2. 冲突双方在冲突发生时,当事人如果能够采用适当的方式方法来处理,就可能有效防止冲突的扩大和升级,进而使冲突得到有效的解决和化解,这是冲突的(　　)。

A. 一般性　　B. 普遍性

C. 可控性　　D. 差异性

3. “我对他人好,他人就一定要对我好。”这是不合理信念特征中的(　　)。

A. 绝对化要求　　B. 过分概括化

C. 糟糕至极　　D. 自我为中心

4. 下列所述方法中,(　　)不是管理情绪的方法。

A. 注意力转移　　B. 自我安慰

C. 交往调节　　D. 打骂旁人

5. (　　)不是戾气较重的人的特点。

A. 脾气较大　　B. 有同情心

C. 较难沟通　　D. 报复心强

三、判断题(10 题,每题 2 分,共 20 分)

1. 保护生命健康权,是实现人身自由权的前提。　(　　)

2. 生命与健康是自然人享有一切权利的基础,如果生命健

康权得不到保障,那么自然人的其他权利就无法实现或很难实现。（　）

3. 在控制解决冲突的过程中,不可以违法,但可以违背道德和道义。（　）

4. 当矛盾冲突涉及当事方的重大利益,仅靠道歉、认错难以解决的时候,就要进行积极的沟通和协调,以防止冲突的扩大和升级。（　）

5. 现代科学认为人的基本情绪分 4 类:喜、怒、哀、乐。（　）

6. 能否处理好人际关系是一个人是否被社会接纳与受欢迎的基础。（　）

7. 管理情绪一般可以分为两个阶段,第一个阶段就相当于"中",第二个阶段相当于"和"。（　）

8. "文明礼貌、和善待人。"这是戾气较重的表现。（　）

9. 服刑人员李某看到同监区的张某减刑减了 9 个月,而自己才减了 6 个月,心理不爽就到警官处诬告张某违纪,这是嫉妒的表现。（　）

10. 制定规则是为了规范人们的行为,保障社会的和谐与稳定,有了明确的规则,才能框定人们的行动边界。（　）

四、名词解释(4 题,每题 4 分,共 16 分)

1. 激情犯罪

2. 戾气

3. 教养

4. 社会规则

五、简答题(3 题,每题 8 分,共 24 分)

1. 简述控制冲突的四大原则。

2. 简述情绪的五大通用功能。

3. 戾气对自身的危害体现在哪几个方面?

六、论述题(2 题,每题 10 分,共 20 分)

1. 论述管理情绪的好处。

2. 论述如何管理和化解戾气。

附件二　暴力侵害公民生命健康罪犯矫正项目测评试卷(一)答案

一、填空题(5空,每空2分,共10分)

1.健康权　2.请求权　3.应激　4.道德　5.公共安全

二、单选题(5题,每题2分,共10分)

1.A　2.C　3.A　4.D　5.B

三、判断题(10题,每题2分,共20分)

1.√　2.√　3.×　4.√　5.×　6.√　7.√　8.×　9.√　10.√

四、名词解释(4题,每题4分,共16分)

1.激情犯罪

激情犯罪是指个体因受到强烈的刺激导致不良情绪突然爆发而引发的犯罪行为,即个体受激情支配而实施的犯罪行为。

2.戾气

戾气是指凡事要做得狠,偏向走极端的一种心理或风气。

3. 教养

教养是表现在行为方式中的道德修养，是社会影响、家庭教育、学校教育、个人修养的结果，尤指在家庭中从小养成的行为的道德水准。

4. 社会规则

社会规则是由权威部门颁布或社会日常生活中约定俗成的关于人们行为的准则、标准、规定等。

五、简答题(3 题，每题 8 分，共 24 分)

1. 简述控制冲突的四大原则。

(1)大事化小、小事化了；

(2)不伤情；

(3)不违理；

(4)不犯法。

2. 简述情绪的五大通用功能。

(1)情绪的自我觉察功能；

(2)情绪的自我调节功能；

(3)情绪的自我激励功能；

(4)对他人情绪的识别功能；

(5)处理人际关系的功能。

3. 戾气对自身的危害体现在哪几个方面？

(1)戾气引发疾病；

(2)戾气影响交际；

(3)戾气降低幸福指数；

(4)戾气影响效率；

(5)戾气导致赔偿。

六、论述题(2 题,每题 10 分,共 20 分)

1. 论述管理情绪的好处。

(1)良好的情绪有助于身心健康。“笑口常开,青春常在”,科学研究表明,最廉价的笑容可能是你最好的健康法宝,能够经常面带笑容是一个人拥有良好情绪的外在表现之一。笑能够使你增加肺部呼吸量,清洁呼吸道,笑还可以使你抒发健康的心情,使肌肉放松,激发多余的精力,驱散愁闷,减轻各种精神压力;笑还有助于你克服羞怯的情绪、困窘的感觉,以及各种各样的烦恼。

(2)良好情绪有助于个体的发展。在生活、工作、学习中,拥有良好的情绪会使我们事半功倍。事实表明,那些在生活、工作、学习上取得成功的人,大多能够有效管控自己的情绪。原因是人在良好的情绪状态下,人类的认知范围更广阔,能够获取周围更多的信息,然后进行理智的分析,最后作出正确的决定。

(3)良好的情绪有助于发展人际关系。如果你能够有效地管控自己的情绪,让自己经常心情愉悦,看到他人做得好时能够真心赞赏,看到他人做错时能够大度包容,始终以自己和善的一面去对待他人,那么你将会收获良好的人际关系、牢固的友谊、幸福的婚恋。

2. 论述如何管理和化解戾气。

(1)提高修养水平。我们要不断提高修养水平,用良好的修养来遏制、控制戾气。养成良好的行为习惯,不要堕入戾气的陷阱,不当危害社会的垃圾人。

(2)提高情商水平。在生活中,要学会和他人共处,提高自己的情商水平,努力处理好各项人际关系,很多戾气也就自然消散了。

(3)提高规则意识。时刻用规则约束自己,不让自己为所欲为。

(4)提高抗挫能力。挫折和困难都只是暂时的,只要我们坦然接受,积极面对,总能找到解决问题的办法,化解随时可能被点燃的戾气。

(5)淡化报复心理。克制报复行为,用理性的、合理合法的方式表达诉求,才能更好地解决矛盾,逐步化解心中的戾气。

(6)合理宣泄戾气。要学会自我调节或寻找合理的方式进行宣泄,以减轻自身多方面的压力。

附件三　暴力侵害公民生命健康罪犯矫正项目测评试卷(二)

考试时间:90 分钟　　　总分:100 分　　　得分:

一、填空题(5 空,每空 2 分,共 10 分)

1. ________是指公民享有的生命安全不被非法剥夺、危害的权利。

2. 生命健康权的民事保护是通过________和请求权的方式追究有关当事方的民事法律责任来实现的。

3. 控制冲突的根本目的是防止冲突的进一步扩大和升级,更有效的____________。

4. 情绪表现的方式主要体现在 4 个方面,即主观感受、生理变化、表情动作和____________。

5. ________是人与人之间、人与群体之间思想与感情的传递和反馈的过程,以求思想达成一致和感情的通畅。

二、单选题(5 题,每题 2 分,共 10 分)

1. 侵犯生命健康权的法律责任有(　　)、行政责任和刑事责任 3 种。

A. 一般责任　　B. 主要责任

C. 次要责任　　D. 民事责任

2. 在社会生活中,无论是在生活、工作还是学习方面都会发生冲突,也就是说,只要有两个以上的人在的地方就会有冲突,这是冲突的(　　)。

A. 一般性　　B. 普遍性

C. 可控性　　D. 差异性

3. “我进过监狱,我这辈子再也不会幸福了。”这是不合理信念特征中的(　　)

A. 绝对化要求　　B. 过分概括化

C. 糟糕至极　　D. 自我为中心

4. 下列所述中,(　　)不是改变不合理信念的方法。

A. 与不合理信念辩论　　B. RET 自助表

C. 合理信念想象法　　D. 乱发脾气

5. 下列做法中,(　　)不能提高修养水平。

A. 有怨报怨,有仇报仇　　B. 改变谈吐,克制脾气

C. 认识缺点,改变缺点　　D. 提高涵养,真诚待人

三、判断题(10 题,每题 2 分,共 20 分)

1. 保护生命健康权,是确保社会发展的基石。　　(　　)

2. 财产是自然人享有一切权利的基础。　　(　　)

3. 在控制解决冲突的过程中,不可以违法,但可以伤害彼此的感情。（　）

4. 如果冲突的一方不接受对方的赔礼道歉,或双方难以就经济赔偿问题达成一致意见时,应该积极寻求双方都认可的第三方居中协调解决。（　）

5. 情绪只会对我们的行为产生影响,对我们的身体不会产生影响。（　）

6. 在认识情绪的前提之下,开始情绪管理的第一步是正确地看待情绪,确立在情绪面前正确的自我定位,以及及时准确地察觉自己的情绪。（　）

7. "戾气如病毒一般会传染,彼此伤害,导致矛盾恶化,冲突升级。"这是戾气对公共安全的危害。（　）

8. 认识缺点,并改变缺点,有助于提高我们的修养水平。（　）

9. 服刑人员李某看到同监区的张某劳动产量比自己高一倍,心理不爽就到经管处诬告张某违纪,这是嫉妒的表现。（　）

10. 戾气对社会的危害,主要体现在对身边朋友的危害上。（　）

四、名词解释(4 题,每题 4 分,共 16 分)

1. 消极心境犯罪

2. 情绪

3. 挫败感

4. 情商

五、简答题(3 题,每题 8 分,共 24 分)

1. 简述解决冲突的 3 个方法。

2. 简述管理情绪的 3 个好处。

3. 简述戾气来自哪几个方面。

六、论述题(2 题,每题 10 分,共 20 分)

1. 论述如何才能掌握管理情绪的核心。

2. 论述戾气的危害。

附件四　暴力侵害公民生命健康罪犯矫正项目测评试卷(二)答案

一、填空题(5 空,每空 2 分,共 10 分)

1. 生命权　2. 自卫权　3. 化解冲突　4. 行为冲动　5. 沟通

二、单选题(5 题,每题 2 分,共 10 分)

1. D　2. B　3. C　4. D　5. A

三、判断题(10 题,每题 2 分,共 20 分)

1. √　2. ×　3. ×　4. √　5. ×　6. √　7. ×　8. ×　9. √　10. √

四、名词解释(4 题,每题 4 分,共 16 分)

1. 消极心境犯罪

消极心境犯罪指的是个体长期的不良情绪积累或者长期处于消极心境内,因为一个突发事件引爆情绪导致的犯罪行为。

2. 情绪

情绪是多种感觉、思想和行为综合产生的心理和生理状态,是指伴随着认知和意识过程产生的对外界事物态度的体验。

3. 挫败感

挫败感是指个人要求得不到满足,或人际沟通受到阻滞等负性事件导致成就感、安全感荡然无存，挫折感油然而生，并因此出现消极的情绪，表现为悲观、忧郁、万念俱灰的一种心理状态。

4. 情商

情商又称情绪智力，主要是指人在情绪、情感、意志、耐受挫折等方面的品质。

五、简答题(3 题，每题 8 分，共 24 分)

1. 简述解决冲突的 3 个方法。

(1)冷静对待，避免冲动；

(2)沟通协调；

(3)搁置争议，寻求第三方协调解决。

2. 简述管理情绪的 3 个好处。

(1)良好的情绪有助于身心健康；

(2)良好的情绪有助于个体的发展；

(3)良好的情绪有助于发展人际关系。

3. 简述戾气来自哪几个方面。

(1)缺乏教养(从小劣迹、长大违背道德、入世漠视规则)；

(2)因妒生戾；

(3)因挫生戾。

六、论述题(2 题，每题 10 分，共 20 分)

1. 论述如何才能掌握管理情绪的核心。

要从源头上管理好自己的情绪，只有一个诀窍，那就是改变自己的不合理信念。

管理情绪一般可以分为两个阶段,第一个阶段就相当于"中",强调人人都有喜怒哀乐,但是却可以不发作。第二个阶段相当于"和",强调虽然发作了,但是却能够按照社会规则合理表现。不良情绪爆发后我们该如何控制的办法,是在"和"的阶段,也可看作治标的办法。但这是远远不够的,真正地管理情绪,还需要从"中"的阶段入手,标本兼治才能让你有效地管理自己的情绪。

现实生活中,因为不断变化的外界事物的刺激,常常让我们感觉到情绪无法掌控,心情无法左右,甚至有的人因为情绪问题付出了惨痛的代价。其实这些都是我们自己的不合理信念在作祟。所以,无论是在监狱中服刑改造,还是以后回归社会生活,都应该学习科学的理论,掌握有效的方法,改变自己的不合理信念,从根本上管理自己的情绪。

2. 论述戾气的危害。

(1)戾气对自身的危害表现为戾气引发疾病、戾气影响形象、戾气影响交际、戾气影响效率、戾气导致赔偿。

(2)戾气对他人的危害表现为戾气会互相传染、戾气放大他人缺点、戾气使他人遭受牵连。

(3)戾气对社会的危害,主要体现在对公共安全的危害上。所谓公共安全,是指社会与公民个人从事和进行正常的生活、工作、学习、娱乐及交往所需要的稳定的外部环境和秩序,体现着绝大多数人的利益和安危,是不容忽视和侵犯的。

图书在版编目(CIP)数据

暴力侵害公民生命健康罪犯矫正项目 / 中国监狱工作协会编. -- 北京 : 法律出版社, 2021

ISBN 978-7-5197-4998-9

Ⅰ. ①暴… Ⅱ. ①中… Ⅲ. ①暴力－刑事犯罪－犯罪分子－监督改造－研究－中国 Ⅳ. ①D926.74

中国版本图书馆CIP数据核字(2020)第188523号

暴力侵害公民生命健康罪犯矫正项目 **BAOLI QINHAI GONGMIN SHENGMING JIANKANG ZUIFAN JIAOZHENG XIANGMU**	中国监狱工作协会 编	**策划编辑** 沈小英 **责任编辑** 程王刚 贾方武 **装帧设计** 李 瞻

出版发行 法律出版社
编辑统筹 法治与经济出版分社
责任校对 杨锦华 周合芝
责任印制 吕亚莉
经　　销 新华书店

开本 A5
印张 7　**字数** 146千
版本 2021年7月第1版
印次 2021年7月第1次印刷
印刷 固安华明印业有限公司

地址:北京市丰台区莲花池西里7号(100073)
网址:www.lawpress.com.cn
投稿邮箱:info@lawpress.com.cn
举报盗版邮箱:jbwq@lawpress.com.cn

销售电话:010-83938349
客服电话:010-83938350
咨询电话:010-63939796

版权所有·侵权必究

书号:ISBN 978-7-5197-4998-9　**定价**:33.00元

凡购买本社图书,如有印装错误,我社负责退换。电话:010-83938349